Angelo Bolaffi

Die schrecklichen Deutschen

Angelo Bolaffi

Die schrecklichen Deutschen

Eine merkwürdige Liebeserklärung

im
Siedler Verlag

Für Cristina

Inhalt

Prolog

Es ist ein hartes Wort
und dennoch sag ich's, weil es die Wahrheit ist:
ich kann kein Volk mir denken
das zerrissener wäre
wie die Deutschen.

Friedrich Hölderlin

A House divided against itself cannot stand.

Abraham Lincoln

Jedes Buch ist zugleich eine geistige Bilanz. Eine Art Meilenstein, den der Autor aufstellt, um zu zeigen, daß eine bestimmte Phase seines intellektuellen Werdegangs hiermit abgeschlossen ist.

Schon unzählige Male früher hatte ich mir vorgenommen, das Thema Deutschland, das meine Gedanken schon so lange beschäftigte, systematisch in Angriff zu nehmen. Aber immer wieder hatte ich dann plötzlich davon Abstand genommen.

Diesmal tat ich es nicht. Der Leser mag entscheiden, ob ich gut daran getan habe oder ob ich besser hätte schweigen sollen. Meine zögernde Haltung zu überwinden halfen mir neben der freundlichen, ja ausschlaggebenden Aufforderung des Verlegers mehrere Faktoren: An erster Stelle war es der Wunsch, das »neue« Deutschland zu verstehen, seine Probleme, seine Zweifel, seine Irrtümer. Dazu kam die dringende Notwendigkeit – wenn ich nicht Gefahr liefe, pathetisch zu klingen, hätte ich gesagt: die Pflicht –, Italien dabei zu helfen, die komplexe Realität Deutschlands zu verstehen. Außerdem wollte ich mit diesem Buch auf die verbreitete und peinliche gedankliche Laxheit einer teilweise böswilligen und uninformierten Publizistik reagieren, die zum Thema Deutschland statt Analysen immer nur Stereotypen zur Erklärung anbietet.

Ich habe also nicht nur ein Buch über Deutschland, sondern auch ein Buch für Deutschland geschrieben.

Dabei ließ sich natürlich gar nicht vermeiden, daß meine Überlegungen irgendwann auf den schwierigen, äußerst verwickelten und ziemlich heiklen Kern der »deutschen Frage« stießen. Ich habe versucht, eine Lesart anzubieten, die vielleicht neu, mit Sicherheit unüblich ist. In mancher Hinsicht wird sie sogar überraschen. Wer die Absicht hat und die Geduld aufbringt, die Seiten zu lesen, dem werden sie Gelegenheit bieten, eine Reise rückwärts durch die deutsche Geschichte zu machen. Er wird dann die Möglichkeit haben, eine recht beunruhigende Bilanz zu ziehen für das 20. Jahrhundert, ein Jahrhundert, in dem das Schicksal Europas sich so dramatisch mit dem Deutschlands verknüpfte. Und das ausgerechnet jetzt, da eine neue Epoche voller Ungewißheit zusammenfällt mit der Rückkehr des deutschen Staates auf die Bühne der großen Weltpolitik.

Die Ereignisse seit der italienischen Veröffentlichung im April 1993 bis zur jetzigen deutschen Ausgabe haben die Leitgedanken dieses Buches nur bestätigt: Deutschland kann heute zu Recht danach streben, ein »normales Land« zu sein. Ich benutze diese Wendung, wohl wissend, daß es sich dabei um eine vieldiskutierte, mit Zweideutigkeit beladene Metapher handelt. Nicht zufällig scheiden sich an ihr die

Geister. Wie es übrigens in Deutschland oft geschicht, stehen sich zwei Lager verständnislos und feindlich gegenüber. Analoges geschah schon früher, beim Historikerstreit, dessen Fortsetzung diese Auseinandersetzung in gewisser Weise ist.

Auf der einen Seite stehen die übertriebenen Normalisierer, die, wenn sie auch unterschiedliche Strategien befolgen, gleiche Ziele im Auge haben: die systematische Beseitigung und die radikale Relativierung der Vergangenheit. Aus der Sichtweise dieser wiedererstandenen »neuen Rechten« müßte Deutschland endlich aufhören zu trauern, damit es seine »verlorene Normalität« zurückerhält. Um »sein« zu können, müßte es sich also das »Seinmüssen« vom Halse schaffen, den Schatten, der das Schuldbewußtsein begleitet.

Auf der anderen Seite stehen die unversöhnlichen Zeugen der Anklage, die erbitterten Gegner dessen, was sie nur für eine zweite Lebenslüge halten. Der (sakrosankte) ethische Imperativ, sich an das zu erinnern, was in der Vergangenheit geschah, verwandelt sich so in ein unüberwindbares Hindernis, das den Zugang zu einer neuen Gegenwart versperrt.

Zwei einseitige und verfehlte Positionen, die beide, so paradox es immer scheinen mag, bei näherer Betrachtung eine überraschende »Wahlverwandtschaft«, eine gemeinsame Sichtweise haben: Beide sehen die Zukunft Deutschlands nur als Neuauflage der Vergangenheit, ob als gefürchtete oder herbeigesehnte, spielt dabei keine Rolle.

Wegen dieses Vergangenheitssyndroms geraten sie unweigerlich dahin, die Bedeutung der geopolitischen Umwälzung, die auf die Katastrophe von 1945 folgte, systematisch zu unterschätzen. Und was in diesem Zusammenhang mehr interessiert, sie unterschätzen die Bedeutung der tiefen Zäsur, die sich daraus für das Kontinuum der deutschen Identität ergibt. Daraus entspringt wiederum eine Verständnislosigkeit für die Folgen, die verbunden sind mit der Verwestlichung, die dieses historische Trauma hervorgerufen hat. Die kulturelle und politische Verwestlichung nämlich, die Deutschland nach dem Kriege erlebte und die die Eigenschaften eines strukturell unumkehrbaren Prozesses besitzt, hat den Erfolg jener liberal-demokratischen Gesamtwerte erlaubt, auf denen die zweite deutsche Republik erbaut wurde.

Im Gegensatz zu den Befürchtungen gar nicht weniger hat die Kehre, die der Stunde Null folgte, den Aufprall der Wiedervereinigung ausgehalten. Viele Anzeichen lassen deshalb beim gegenwärtigen Stand der Dinge eine optimistische Prognose zu: Die »neue Bundesrepublik« hat gute Aussichten, den gleichen Weg fortzusetzen, den die ruhige, ehemalige rheinische (Bonner) Republik vorzeichnete. In diesem Sinne läßt sich sagen: Berlin ist doch Bonn.

Die vielen Unglückspropheten sind glänzend widerlegt: Auch nach den jüngsten Wahlen – zum Europaparlament und zum Bundestag – hat Deutschland beneidenswerte Stabilität bewiesen. Es hat Europa eine unmißverständliche Botschaft zugerufen: Anders als in Frankreich, Österreich und Italien ist im »neuen großen Deutschland« kein Platz für die radikale Rechte. Wer weiß, vielleicht klingt der Begriff »patria« im Deutschen zum ersten Mal in diesem Jahrhundert nicht mehr wie ein Schimpfwort? Dann hätte also Fritz Stern, ein Autor, auf den ich mich oft und gern gestützt habe, recht, wenn er behauptet: »Gerade jemand, der sich mit dem Verspielen deutscher Größe und dem Versagen deutscher Eliten beschäftigt hat, hat das Recht und sogar die Pflicht, einen neuen Anfang zu begrüßen und Amerikaner wie

Europäer zu warnen, nicht die Zukunft durch Erinnerungen an eine überwundene Vergangenheit zu gefährden.«

Nachdem achtzig Jahre seit den schicksalhaften Spätsommertagen des fernen Jahres 1914 vergangen sind und während man in Sarajevo aufs neue schießt und stirbt, ist Deutschland wieder ein voll souveräner Staat geworden. Natürlich wäre es ausgesprochen töricht zu behaupten, daß die Geschichte »danach«, die vor unseren Augen begann, nicht voll von Risiken und Unbekannten, sogar recht gefährlichen, ist. Zum Beispiel: Werden sich die politischen Akteure rational verhalten? Oder werden ihre aufgeregten Emotionen und das gegenseitige atavistische Mißtrauen stärker sein als ihr Interesse an einer europäischen Einigung? Viel wird von Deutschland abhängen, gewiß. Aber nicht nur von ihm. Die übrigen europäischen Nationen werden ihren Part übernehmen und vermeiden müssen, die Tragödien der Vergangenheit als bequeme Ausrede zu benutzen. Die (wünschenswerte) Alternative eines europäischen Deutschland der (unerwünschten) eines deutschen Europa gegenüberzustellen, ist nur eine rhetorische Übung.

Wie immer die europäische Einigung aussehen wird – wenn sie jemals zustande kommen wird –, ihr Motor wird unvermeidlich ein deutscher sein. Gegen oder ohne Deutschland von Europa zu reden, ist sinnlos. Deshalb geht man kaum über das Selbstverständliche hinaus, wenn man sagt, daß dieses Land dazu »verdammt ist, eine Zentralmacht zu sein«.

Worauf eine Antwort gefunden werden muß, ist vielmehr, ob ein unüberwindbarer Gegensatz besteht zwischen der europäischen Sicherheit und Stabilität und dem deutschen Nationalinteresse oder ob diese Realrepugnanz – wie wir meinen – zu einer jetzt endgültig überwundenen historischen Konstellation gehört. Sollte Europa jemals etwas werden, was über eine Freihandelszone hinausgeht, dann wird diese Entwicklung in hohem Maße dem besonderen Gewicht der deutschen Initiative zu verdanken sein. Aber scheint eine solche Initiative den anderen Partnern wirklich noch erstrebenswert? Und zu welchen Bedingungen? Solange die Realität des kalten Krieges das Entwerfen von Szenerien zuließ, die ebenso kühn wie undurchführbar waren, behaupteten alle einmütig, die Lösung der deutschen Frage werde Bedingung und zugleich Grund für die Einigung Europas sein. Heute wissen wir, daß dies damals so nicht zutraf und auch heute nicht zutrifft. Und trotzdem: Gibt es eine brauchbare Alternative, dem sicheren Untergang zu entgehen?

Ich wäre nicht ganz aufrichtig, wenn ich die Motive rein autobiographischer Natur verschwiege, welche die Hauptvoraussetzung für die vorliegende Arbeit waren und sicherlich auch die wichtigste psychologische Motivation. Ich habe lange in Deutschland, in Berlin, gelebt. Viele meiner Erinnerungen, Gefühle, Freundschaften reden zu mir in deutscher Sprache. Seit Mitte der siebziger Jahre habe ich mit Artikeln, Reportagen, Interviews und Essays versucht, von Deutschland, vielmehr von den beiden Deutschland, zu erzählen. Dann kam der Schock durch den Fall der Mauer, der in Europa nicht nur die politische Geographie über den Haufen warf, sondern auch die gedanklichen Ordnungen revolutionierte. Was mich angeht, so war jenes Ereignis in der Tat »unerhört«, es markierte einen unwiderruflichen Wendepunkt, gefühlsmäßig und geistig. Deshalb ist dieses Buch auch der Nachweis einer Rechenschaftsablegung über meine Vergangenheit: eine Trauerarbeit von jemandem, der wie ich im Ende des Zweiten Weltkrieges das Signal für die unumgängliche Notwendigkeit sah, Abschied zu nehmen von den früheren Überzeugungen. Von den Idealen und, wie man einst sagte, von den »Weltanschauungen«, die sich als Ursache für glühende Illusionen, bittere Desillusionen und unverzeihliche politische Irrtümer entpuppten. Ein Abschied also von der Welt von gestern, ohne Nostalgie und ohne Bedauern. Ohne Mythen und ohne Idole lebt es sich sicherlich schwerer. Aber bestimmt fällt das Denken leichter. Sapere aude.

1.
Die Rückkehr der Geschichte

Denk ich an Deutschland in der Nacht,
Dann bin ich um den Schlaf gebracht.

Heinrich Heine

Was einst Jubel und Jammer war,
muß nun Erkenntnis werden.

Jacob Burckhardt

Nur wer sich ändert, bleibt sich treu.

Wolf Biermann

Das Rätsel Deutschland

»Die Menschheit wählt nicht«, sagt Dostojewski, »sie pendelt beständig hin und her zwischen Gut und Böse.« Dasselbe läßt sich zweifellos sagen, wenn man die deutsche Vergangenheit betrachtet. Die Geschichte der modernen deutschen Nation ist in der Tat die Geschichte von lautstarken Bestätigungen und schmerzvollen Widerrufen, von hochgespannten Erwartungen und herben Enttäuschungen. Deutschland ist nicht nur das Herz, die Mitte Europas, es ist den anderen Europäern zugleich ein unbegreifliches Rätsel, es weckt insgeheim ihren Grimm, löst bei ihnen tiefe Verstimmung aus. Es ist ganz sicher die Schande der Vergangenheit, die Last der Erinnerung. Aber es ist auch die große Hoffnung: geographisch das ausgedehnteste, demographisch das volkreichste, wirtschaftlich das mächtigste, kulturell das ausschlaggebende Land. Wenn wir im Historischen Atlas die Seiten für die Neuzeit aufschlagen, dann berichten sie von dem ewigen Streit über den politisch-geistigen Zustand der Deutschen, von einer Art endloser Abrechnung. Seit fast zwei Jahrhunderten hält Deutschland Europa in Atem: mit seinen Ideen wie mit seinen Taten, mit seinen Büchern wie mit seinen Kriegen, mit den Werken von Hegel und Marx, von Nietzsche und von Heidegger, und mit den Entscheidungen von Bismarck und Wilhelm II., von Rathenau und von Hitler. Ständige Quelle der Unruhe und doch zugleich unumgänglicher Bezugspunkt der Ideen. Ein »theologisches Land«, im Unterschied zu den anderen großen europäischen Nationen besessen von einem Gefühl der Unsicherheit in doppelter Hinsicht: dem Fehlen eines Selbstbewußtsein stiftenden Kollektivgedächtnisses und einer sicher definierten geographischen Lage. Daher sein unruhiger Charakter, die ständige Versuchung, auf geopolitische Wanderschaft zu gehen, immer auf der Suche nach der eigenen Identität. »Es ist wahr«, schrieb der junge Thomas Mann, »der deutschen Seele eignet etwas Tiefstes und Irrationales, was sie dem Gefühl und Urteil anderer, flacher Völker störend, beunruhigend, fremd, ja widerwärtig und wild erscheinen läßt.«[1]

Deutschland ist zu einem Störfaktor im europäischen Gleichgewicht geworden, gerade weil es nach Sicherheit und Ordnung strebt: eine Art Rebell, der durchdrungen ist von einem schmerzlichen Bedürfnis nach Gemütlichkeit, nach Ruhe und Sicherheit. Eine ihrer Tendenz nach spießbürgerliche Nation und deshalb bereit, im Namen des Respekts vor der Autorität die schlimmsten Handlungen zu akzeptieren. »Die Deutschen«, stellt Goethe fest, »ertragen Ungerechtigkeit besser als Unordnung.« Deutschland ist aber auch der Ort, wo die Ideen geboren wurden, ohne die es praktisch unmöglich ist, über die Entzauberung der modernen Welt nachzudenken. Die Gestalt Luthers ist ein Musterbeispiel für solch doppelte Auslegbarkeit.

Deutschland stellt eine großartige Metapher dar, denn seine wechselhafte Geschichte gibt die Widersprüche des europäischen Geistes modellhaft wieder. Es ist eine Art Kompendium aller Hoffnungen, aber auch aller Tragödien der Kultur und der politischen Geschichte seit Beginn des 16. Jahrhunderts. Deutsch sprach nicht nur der »protestantische« Geist des Kapitalismus und jener absolute Hegels, sondern auch die Theorie des Kommunismus und die Praxis des nationalsozialistischen Willens zur Macht. »Deutschland ist keine Nation« – schreibt Louis Dumont –,

»es ist der Boden der europäischen Antagonismen, die ›Quintessenz Europas‹. Deutschland und die Seele eines jeden Deutschen sind das Schlachtfeld Europas. Das Deutschtum ist ein Abgrund. Ständig geteilt, von cuius regio, eius religio des Westfälischen Friedens bis zum ›Europäischen Bürgerkrieg‹.«[2]

Aus folgendem Grund war und ist es immer noch schwierig, problematisch und gewagt, sich dem Thema Deutschland zu stellen: Auf diesem Land lastet wie ein Fels eine »Vergangenheit, die nicht vergehen will«, aber auch ein feindliches Vorurteil, welches es für alle Zeit verdammt sehen möchte als Opfer seines eigenen ebenso verhängnisvollen wie unabwendbaren Schicksals. Wenn es wahr ist, was Ernest Renan sagt, daß es keine »Zukunft ohne Geschichte« gibt, dann ist es, um zu wissen, wie die deutsche Zukunft sein wird, nötig, vorher festzulegen, wie seine Geschichte gewesen ist. Oder besser, man muß überprüfen, ob es verschiedene deutsche Geschichten gibt.[3] Wenn Auschwitz – wie ein verbreitetes, tiefsitzendes antideutsches Gefühl argwöhnt – in der Tat das erwartete Endergebnis war, der notwendige Schluß, das *telos* der Geschichte des modernen Deutschland, dann würde es sich nicht nur nicht lohnen, »die Mühsal des Denkens« auf sich zu nehmen, dann hätte Europa auch keine andere politische Perspektive als die des Wartens auf die soundsovielte Katastrophe. Wenn die einzig mögliche Art, mit der deutschen Geschichte zu leben, die wäre, sie zu vergessen, dann könnte nicht einmal ein Optimismus des Willens auf eine künftige Chance hoffen.

Die Dinge liegen jedoch ganz anders, auch wenn eine Art Volksfront des Geistes existiert, die als einziges Ziel zu haben scheint, ein verdrehtes und verzerrtes Bild von Deutschland und seiner Geschichte zu liefern: Ein Unternehmen, das besonders niederträchtig ist, gerade weil die deutsche Vergangenheit bevölkert ist von schaurigen Gespenstern und unbeschreibbaren Greueln.

Es ist legitim, von einer andern deutschen Geschichte zu sprechen, weil es ein anderes Deutschland gab, welches aber mit Sicherheit nicht jenes andere Deutschland ist, das der Rhetorik der Ideologen des »realen Sozialismus« und ihrer Weggefährten so teuer war. Mehr noch. Das Deutschland, das mit dem Fall der Mauer zu Ende ging, das dem staatlichen Antifaschismus lieb war, das Gulag-Regime preußischer Spielart, ist einfach eine Variante, ein »asiatisches« Resultat derselben Geschichte, die zum Jahre Null Deutschlands und zu seiner Teilung geführt hat, sie war die stalinistische Version der Tragödie des zwanzigsten Jahrhunderts. Es ist übrigens kein Zufall, daß gerade die hartnäckigsten Befürworter der Unverjährbarkeit des Verbrechens und der sich daraus ergebenden Strafe – womit sie die Berliner Mauer und die Teilung Deutschlands in ein positives Symbol verwandelt hatten – dieselben sind, die im Namen der angeblichen Fortsetzung des Antifaschismus mit Ausdauer und Hartnäckigkeit versucht haben, sogar die Erinnerung an die einzige deutsche geistige Tradition auszulöschen, die ununterbrochen antitotalitär war. Das heißt an jene Tradition, die für uns das alleinige und einzige »andere« Deutschland ist: das liberale und kosmopolitische. Das Land der Aufklärung und Weimars (und später das Bonns). Das, welches niemals den Verlockungen eines Lichts, das aus dem Osten kommen sollte, nachgegeben hat, sondern das im Gegenteil immer nach Westen geblickt hat: zuerst nach Paris, später nach London und zuletzt nach New York. Das Deutschland Lessings, der antinazistischen Emigration, des liberal-demokratischen Konstitutionalismus und des Judentums. Das

Deutschland von Humboldt und von Einstein, von Ernst Cassirer, aber nicht von Martin Heidegger; von Hermann Heller, aber nicht von Carl Schmitt. Das Deutschland Leibniz' und Wolffs, deren Ideen, wie Cassirer in einem meisterhaften Essay darlegt, den er zur Verteidigung der Weimarer Republik verfaßte, auf dem Wege über die »Commentaries on the Laws of England« von Blackstone in die »jungen Freistaaten Nordamerikas« gelangen und dann, wenn sie den Atlantik wieder in entgegengesetzter Richtung überqueren, »springt von Nordamerika nach Frankreich der Funke ... unmittelbar über, und indem er hier auf einen durch Jahrhunderte aufgehäuften Zündstoff trifft, wird damit der große Weltbrand entzündet«.[4]

Das Dilemma, in dem sich das europäische Bewußtsein gegenwärtig befindet, wenn es mit dem deutschen Problem konfrontiert wird, hat Peter Gay, ein Kenner deutscher Kultur und Geschichte, formuliert: »Auch wenn es emotional ungemein schwierig ist, so ist es jedoch politisch notwendig, die deutsche Frage neu zu überdenken.« Aber vorher bedarf es folgender Anstrengung: Wie nie zuvor setzt die Analyse der Gegenwart eine Überprüfung der Vergangenheit voraus. Um mit dem historischen Gedächtnis umzugehen, ist große Ausgewogenheit nötig. Es besteht nämlich immer das Risiko, daß es pervertiert, indem es zur Last wird, zu einer Fessel statt zu einer Hilfe für das Denken. Auf jeden Fall muß man den Analogien mit ihren nutzlosen Anspielungen mißtrauen und muß vermeiden, was Nietzsche vorschlug, sich vor der Geschichte wie ein chinesischer Diener zu verneigen. Um sie zu verstehen, genügt es nämlich nicht, sich zu verneigen. Wie ein abgefeimter Verbrecher antwortet sie nur dem, der sie ins Kreuzverhör zu nehmen versteht.

»Die Geschichte ist weder eine Anhäufung von Taten noch ein Haufen bedrückender Erinnerungen« – der israelische Schriftsteller Amos Oz traf genau den neuralgischen Punkt der Frage und den schmerzenden Aspekt des Problems, als er vor einem deutschen Publikum sprach –, »sondern vielmehr ein fruchtbarer Boden für Erkenntnisse und Interpretationen, damit die Vergangenheit als Baumaterial für die Zukunft genutzt werden kann.« In der deutschen Geschichte gibt es nicht nur Schutt, sondern auch Steine, auf denen man Fundamente errichten kann.

Sehr häufig war man jedoch – wenigstens bis heute – vom Gegenteil überzeugt: Im Falle Deutschlands stellt die Pflicht, sich an die Vergangenheit zu erinnern, eine Art permanentes Veto dar bei der Ausübung des Rechts auf Zukunft. Unsere Aufgabe ist jedoch viel komplizierter, wir könnten sie »eine erinnernde Überwindung« nennen.[5] Europa und die Welt haben ihr Monopol auf das deutsche Gewissen verloren, und Deutschland hat das Stadium der politischen Vormundschaft verlassen, in das es die bedingungslose Kapitulation von 1945 gestoßen hatte, als es »wieder dahin zurückgekehrt war, nur eine geographische Realität zu sein«, wie Stalin sagte. Es ist nicht mehr möglich, es unter Kuratel zu halten, einfach indem man seinen Vergangenheits-Schuldkomplex als Hebel ansetzt. Sicherlich, was in der Vergangenheit geschah, kann und darf nicht ausgelöscht werden, es ist irreversibler Bestandteil des europäischen Gewissens. Aber neben der Pflicht, sich zu erinnern existiert auch das Recht zu hoffen. War es tatsächlich denkbar, daß Deutschland für alle Zeit weiterging wie die Verdammten in Dantes Hölle, mit rückwärts gewandtem Blick? Wie der Angelus Novus von Paul Klee, seiner Gegenwart und Zukunft den Rücken zukehrend, starrend nur auf die Trümmer seiner tragischen Vergangenheit? »Deutschland möchte an seine Zukunft denken«, die Worte stammen vom deutschamerikanischen Historiker Fritz Stern, »aber die anderen Nationen zwingen es, an seine Vergangenheit zu denken.« Im *annus mirabilis* hat es die Gelegenheit, die ihm die Geschichte bot, ergriffen, sein Recht auf Normalität zurückzuerobern, behandelt zu werden wie jede beliebige Nation. Es hat sich an jenen Rat erinnert, welcher das Handeln Bismarcks leitete: »den Gang der Geschichte zu belauschen und dann aufzuspringen, um einen Zipfel ihres Mantels zu ergreifen«.

Und trotzdem geht eine Frage um, so verständlich wie schonungslos. Können wir uns wirklich endlich ganz auf die Deutschen verlassen? Mit anderen Worten: Hat die im Zweiten Weltkrieg erlittene Niederlage wirklich eine anthropologische Veränderung der kulturellen Identität Deutschlands hervorgerufen, neben der unumkehrbaren Veränderung des geopolitischen Gleichgewichts in Europa und in der ganzen Welt, und ist sie von einer solchen Tragweite, daß sie die Hypothese von einer radikalen Unterbrechung in der Kontinuität der Geschichte dieses Landes rechtfertigt? Oder ist die Wiedervereinigung – wie einige, darunter viele deutsche Intellektuelle, behaupten – einfach eine Vorankündigung für das Wiedererstarken eines neuen Reiches? Kann man tatsächlich behaupten, Hitler stelle den notwendigen Endpunkt dar, das unabwendbare Schicksal des deutschen Nationalstaats? Und deshalb sei der Nationalsozialismus eine nicht korrigierbare geheime Erbsünde, ein Fluch, der sich im Labyrinth der deutschen Frage versteckt halte? Oder ist er eher eine Verirrung gewesen, ein »Holzweg«, ein tragisches Kapitel mit Sicherheit, aber nicht die Entzifferung eines genetischen Geheimschlüssels zu seiner Nationalgeschichte? Oder sogar zum Charakter eines ganzen Volkes?

Die unvoreingenommene Betrachtung einiger entscheidender Gelenkstellen der modernen deutschen Geschichte, neben der Analyse der wichtigsten Indikatoren für die heutige Realität Deutschlands (eines Landes also, das abhängig ist von einem Umfeld von wirtschaftlichen, politischen, kulturellen und diplomatischen Beziehungen, die mit denen vom Ende des neunzehnten Jahrhunderts oder mit denen der Jahre 1920–1930 absolut nicht vergleichbar sind), rechtfertigt die Überzeugung, daß es Grund zur Beruhigung, wenn nicht sogar zum Optimismus gibt, was die künftige Rolle Deutschlands in Europa betrifft. »Und mit ihren gewaltfreien Taten haben die Revolutionäre des Jahres 1989 allen Deutschen ein neues Bewußtsein von Freiheit gegeben. Die Vergangenheit ist damit nicht gelöscht. Unserer Geschichte wurde aber ein entscheidendes Kapitel hinzugefügt«, so Richard von Weizsäcker.[6] Sicher kann es sehr riskant sein, sich den trügerischen Verlockungen eines naiven Optimismus hinzugeben. Es ist fürwahr ein schwieriges Unternehmen, Panglos deutsch reden zu lassen. Aber ebenso fragwürdig ist es, unbelehrbar alte Lesarten der deutschen Geschichte des 20. Jahrhunderts auszugraben. Gewiß: Deutschland war in der Vergangenheit der Hauptverantwortliche für die Katastrophen in Europa. Und wenn sich die Situation inzwischen vollkommen geändert hätte? Und wenn dieses Land heute sogar ein Grund zur Hoffnung für den alten Kontinent wäre?

»Deutschland hat eine zweite Chance erhalten. Dies Jahrhundert endet, wie es anfing, mit einem großen deutschen Vorsprung in Europa, gestützt auf Wirtschaft, Technik und menschliche Leistungsfähigkeit. Nun haben Deutschland und Europa eine zweite Chance, ihre wahren Werte in Frieden und Freiheit zu sichern – und zwar unter sehr viel besseren Bedingungen als im Zeitalter des großen Nationalismus vor 1914. Das neue Deutschland hat kein Berlin-Problem mehr, keine Sorge mehr, daß andere die deutsch-deutschen Beziehungen belasten können. Es hat die Macht und den Spielraum gewonnen, sich der meisten bisherigen Beschränkungen entledigen zu können. Erst jetzt stellt sich die wirkliche staatsmännische Aufgabe: Wie wird die Bundesrepublik mit ihrer neuen Macht umgehen?«[7] Der deutschamerikanische Historiker Fritz Stern, ein Intellektueller, für den seine persönliche Geschichte ein Beweis für den rätselhaften Zwiespalt ist, den Deutschland darstellt, hat mit großer Eindringlichkeit die Frage gestellt, auf die wir eine Antwort geben müssen.

Von Sarajevo nach Sarajevo

Die langen Ferien sind zu Ende, die sich der alte Kontinent am Ende des Zweiten Weltkriegs bewilligt hatte: Das europäische Schicksal hängt wiederum von Deutschland ab. Reale Ängste und verwurzelte Obsessionen, alte Wunden und neue Egoismen, historisches Mißtrauen und tiefe Ressentiments: ein entmutigendes Gefühl des Déjà vu. Als ob es der Geschichte Vergnügen machte, ihre Schritte zurückzulenken zu den Anfängen des Jahrhunderts, das doch im Begriff ist, zu Ende zu gehen. Der Fall der Berliner Mauer zeigte nicht, wie jemand in naivem Optimismus voreilig prophezeit hatte, den Anfang vom »Ende der Geschichte«, sondern nur das Ende der Nachkriegszeit.

Die Rückkehr des internationalen politischen Lebens zu einem Zustand der »Normalität« hat paradoxe, perverse Nostalgien hervorgerufen. Der »Vierzigjährige Friede«, geboren in Jalta als Kind des Gleichgewichts der atomaren Abschreckung und der Aufteilung der Welt in zwei einander starr gegenüberstehende Einflußsphären, hat unvermutet in den Augen der westlichen öffentlichen Meinung eine völlig andere Bedeutung angenommen: nicht mehr die bedrohliche des kalten Krieges, sondern eher die einer beneidenswerten, idyllischen Phase des Wohlergehens und der Ruhe, eines »Ausnahmezustandes der Geschichte«, einer Parenthese, geradezu einer Ferienzeit. Das europäische Bewußtsein erscheint betäubt und ohnmächtig vor dem Wiederaufkommen schrecklicher und alter Probleme, die durch die lange Eiszeit der gegenseitigen Abschreckung perfekt konserviert wurden.

Die Angst vor dem nuklearen Holocaust, die totale und absolute, die metaphysisch abstrakte, vom Schicksal des einzelnen losgelöste Angst, die fast ein halbes Jahrhundert lang über dem Kontinent geschwebt hat, sie ist plötzlich unter dem Nachdrängen neuer Ängste aus dem Gedächtnis verschwunden: es sind vielleicht weniger totale Ängste, aber sicherlich Ängste, die als wirklichkeitsnäher, als unmittelbarer, als konkreter empfunden werden. »Was uns jahrzehntelang Angst gemacht hat«, versicherte kurz vor seinem Tod Willy Brandt, »das gibt es nicht mehr. Statt dessen sind jetzt Morde und Kriege an der Tagesordnung. Und wir alle wissen inzwischen, daß sich die Welt seit dem Fall der Berliner Mauer viel gründlicher geändert hat, als wir es für möglich halten konnten.« Die Epoche, die Raymond Aron definiert hatte als die des unmöglichen Friedens und des unwahrscheinlichen Krieges, hat also *post mortem* eine ungewöhnliche Metamorphose durchgemacht. Sie hat eine makabre Faszination erhalten, indem sie Gegenstand betrüblicher und perverser Nostalgien wurde. Die Greuel, die die »ethnische Säuberung« in Exjugoslawien begleiten, das Emporschießen »eines neuen Tribalismus« (Michael Walzer), grausame Version des schlimmsten Nationalismus, die destabilisierenden und bedrohlichen Kräfte, die durch den Zusammenbruch des Sowjetimperiums und die Auflösung des festen und beruhigenden Systems der geographischen und politischen Koordinaten freigesetzt wurden: also das Ende der alten Ordnung, entstanden aus dem Zweiten Weltkrieg und dann aus dem kalten Krieg, der den Aufstieg der UdSSR zur Weltmacht gebracht hatte, hat die alten Gespenster wieder zum Leben erweckt. Was jetzt in den Straßen von Sarajevo geschieht, das erinnert nicht nur an den Vorabend des Jahres 1914, sondern an eine viel weiter zurückliegende Zeit, an das entsetzliche Blutbad des Dreißigjährigen Krieges, der Pate stand beim Anbruch der Moderne auf dem Kontinent. »Es ist ein langer Weg gewesen von Sarajevo 1914 bis Sarajevo 1992«, schrieb Michael Stürmer, »quer durch die Katastrophen des zwanzigsten Jahrhunderts und den langen nuklearen Frieden bis zu einer ungewissen Zukunft, deren einzige Gewißheit darin besteht, daß sie den Verheißungen einer neuen Weltordnung oder einer europäischen Friedensordnung viel weniger Glauben schenken wird.«[8]

Konfrontiert mit dem unerwarteten Spurwechsel der Geschichte, der den politischen Konflikten eine existentielle Dimension zurückgab, hat sich ein elementarer Selbstverteidigungsmechanismus des Bewußtseins in Gang gesetzt: Man möchte die Gegenwart verändern, indem man sie in eine simple Neuauflage der Vergangenheit umwandelt, in die ewige Wiederkehr des Gleichen. Eine paradoxe Form der Selbstberuhigung. Verständlich, aber mit Sicherheit verhängnisvoll: Die Geschichte ist zu ironisch und zu tragisch, als daß sie sich mit einer einfachen Wiederholung zufriedengäbe. Die Geschichte kann, wie sich jetzt zeigt, zurückkehren. Aber sie wiederholt sich nicht.

Wenn es aber um die Beziehung zu Deutschland geht, dann ähnelt die Reaktion des europäischen Bewußtseins einem bedingten Reflex, einem pawlowschen Instinkt: Es ist fast so, als versuche der alte Kontinent, die Ängste der Gegenwart mit der Erinnerung an die der Vergangenheit auszutreiben. Deutschland bleibt sich in den Augen der übrigen europäischen Länder immer gleich: das ewige Deutschland, das ewig bedrohliche Deutschland, unveränderbar wie die Ressentiments, die seine bloße Existenz hervorruft.

Es herrschte jene ruhig-gelangweilte Atmosphäre, die gewöhnlich die Feiern wichtiger Gedenktage begleitet. »Das Jahr 1989«, die ironische Bemerkung stammt von Albert Hirschman, »wurde mit einem Gähnen begrüßt.« Niemand konnte ahnen, auch nicht im entferntesten, daß es im Gegenteil dazu ausersehen war, sich in den Knall eines Kanonenschlages zu verwandeln. Sicherlich, einige Anzeichen hätten vorwarnen müssen. Aber man weiß ja, nach der Tat versteht auch der Narr den Rat. Äußerlich deutete nichts darauf hin, daß die Weltgeschichte im Begriff war, in eine jener Zäsuren zwischen zwei Epochen einzutreten, denen sowohl plötzliche wie unumkehrbare Änderungen folgen. Kurz gesagt, in eine echte Krise nach der klassischen Definition von Jacob Burckhardt: »...es hängt sich daran, den Meisten unerwartet, ...eine Crisis des ganz allgemeinen Zustandes; bis zur colossalsten Ausdehnung über ganze Zeitalter... Der Weltprozeß gerät plötzlich in furchtbare Schnelligkeit; Entwicklungen, die sonst Jahrhunderte brauchen, scheinen in Monaten und Wochen wie flüchtige Phantome vorüberzugehen und damit erledigt zu sein.«[9] Daß die deutsche Frage sich danach direkt anschicken würde, aufs neue auf die Tagesordnung der europäischen Politik zurückzukehren, das wurde nicht einmal als Hypothese in Betracht gezogen. Man hielt sie für völlig verrückt, für total absurd. Doch gerade das sollte passieren: Die Geschichte kehrte auf den mitteleuropäischen Schauplatz zurück, mischte sich unter die mutigen Teilnehmer der ersten schüchternen Demonstrationen in Leipzig, Dresden und Berlin. Und noch früher unter die viel massiveren, die in Budapest, Prag und Warschau vorausgegangen waren.

In Bonn stand natürlich wie immer die »Tagespolitik« auf dem Programm, der tägliche politische Kleinkram, den die politische Führungsschicht so liebt, für die eine gute Verwaltung die einzige »Kategorie des Politischen« ist. In den Panzerschränken des Kanzleramts wurde eine endlose Reihe von Operationsplänen eifersüchtig bewacht, die alle möglichen Varianten zur Abwehr eines eventuellen militärischen Angriffs aus dem Osten enthielten. Aber daß es die Völker des Ostens sein würden, die sich bewegten, hatte wirklich niemand, nicht einmal im Traum, gedacht. Das strategische Denken orientierte sich, wie bekannt, am Prinzip des »worst case«, nicht an dem des »best case«. Deshalb beschränkte sich der grundlegende Leitsatz der europäischen Diplomatie bis dahin darauf, das herrschende ethisch-politische Postulat in der demokratischen Kultur der Jahre nach 1945 in die Praxis umzusetzen. »Ich liebe Deutschland so sehr, daß es mir lieber ist, wenn es davon zwei gibt.« Der zynische Sarkasmus von François Mauriac (mit ungefähr den gleichen Worten hatte sich auch der »Guelfe« Andreotti geäußert) enthüllt die Grundorientierung dieser politischen Haltungen.

Im übrigen waren es gerade die deutschen Politiker, die sich trotz ihrer tröstenden Sonntagsreden als erste mit der Teilung abfanden. Franz Josef Strauß etwa hielt schon seit 1965 die Aussicht auf das Wiedererstehen eines Nationalstaats nicht mehr für wahrscheinlich. Noch 1988 behauptete Egon Bahr, der heimliche Außenminister der Sozialdemokraten, über die deutsche Frage zu reden komme einer Destabilisierung Europas gleich. Und im selben Jahr schlug der Generalsekretär der CDU, Heiner Geißler, vor, das Ziel der Wiedervereinigung aus dem Programm seiner Partei zu streichen. Das künftige Schicksal Deutschlands war zu einer abhängigen Variablen des europäischen Einigungsprozesses und der Überwindung der Blöcke geworden. Aber wenn eines der Hauptziele, die zur Gründung der atlantischen Allianz geführt hatten, gerade gewesen war, die Deutschen *down* zu halten (die beiden anderen waren, die Sowjets *out* und die Amerikaner *in* zu halten), so hatte doch auf dem Grunde der »edlen« Idee, ein vereintes Europa zu bauen, ganz sicher auch die Absicht geruht, den deutschen Riesen im Netz der Gemeinschaft einzufangen.

Deutschland hätte unter solchen Umständen nur als Nationalstaat wiedererstehen dürfen, wenn die Ära des »ewigen Friedens« ausgebrochen wäre, mit anderen Worten: niemals oder erst, wenn es keinen Sinn mehr ergäbe, von Nation zu sprechen. Auf die Frage eines Journalisten, ob er je die Möglichkeit erwogen habe, eines Tages russischer Botschafter in einem vereinten Deutschland zu werden, fand es Wladimir Semjonow, ein alter Fuchs der sowjetischen Diplomatie und Repräsentant seines Landes in Ost-Berlin, noch im September 1989 ganz selbstverständlich, mit ruhigem Zynismus zu antworten: »Kein Mensch kann hoffen, so alt zu werden.« Kurz, alles wies darauf hin, daß es das Schicksal Deutschlands und Mitteleuropas sein würde, noch sehr lange »unter dem Auge der Russen« zu leben.

Abweichende Stimmen gab es sehr wenige. Die von Alain Minc zum Beispiel. »Die europäische Frage im Jahre 2000 wird wahrscheinlich – wie in den besten Zeiten des 19. Jahrhunderts – mit der deutschen Frage identisch sein.«[10] In dieser Diagnose des französischen Politologen ist die Vorhersage in Wahrheit auch Erinnerung, das heißt Ausdruck jenes argwöhnischen Mißtrauens gegen Deutschland, welches eine Konstante im politischen Bewußtsein der Eliten Frankreichs ist. Indem Minc noch weiter ausholt, lenkt er die Aufmerksamkeit scharfsinnig wieder auf eine der grundlegenden Gesetzmäßigkeiten der europäischen Politik der Neuzeit, welche die bipolare Konstellation des kalten Krieges vorübergehend in den Hintergrund gerückt hatte: die Existenz eines geschichtlich-strategischen Zusammenhanges zwischen dem Geschick Deutschlands und der Macht Rußlands. Und seine folgende Analyse scheint uns heute die Kraft einer echten Prophezeiung zu haben: »Wie die deutsche das Herzstück der europäischen Frage ist, so ist die russische das Herzstück der deutschen Frage.« Hatte die Sowjetunion etwa nicht in dem Augenblick begonnen, eine Großmacht zu werden, in dem sie die rote Fahne auf den Trümmern des Dritten Reiches gehißt hatte?

Aber in dem internationalen Kontext, der bestand, als Minc seine Überlegungen anstellte, erschien die Behauptung einer Schicksalsgemeinschaft zwischen Rußland und Deutschland natürlich allenfalls als Feststellung eines unwiderruflichen, endgültigen Urteils, wie es ausgesprochen war in der geopolitischen Ordnung, die der Zweite Weltkrieg hervorgebracht hatte. Wer hätte sich jemals auch nur im entferntesten vorgestellt, es könnte ein Ereignis eintreten, das fähig wäre, eine politische Kettenreaktion von solchem Umfang auszulösen, daß es den Zusammenbruch des Sowjetimperiums herbeiführte? Den Zusammenbruch der gigantischen Staatsbürokratie also, der es im Unterschied zur österreichisch-ungarischen und türkischen, wenn auch von der bolschewistischen Revolution einfach aufgehoben, »dialektisch überwunden«, doch gelungen war, dem Erdbeben des Ersten Weltkriegs standzuhalten?

Kurz vor seinem Tod, im Februar 1988, veröffentlichte Andreas Hillgruber ein Buch, das sein eigentliches geistiges Testament darstellt. Er, der die Hoffnung auf ein vereintes Deutschland nie aufgegeben hatte, sieht darin mit schmerzerfülltem Realismus eine Situation, die ihm, wenn nicht endgültig, so doch weitgehend vorentschieden, ohne erkennbaren Ausweg scheint: »Die deutsche Frage war ›eingekapselt‹, ›storniert‹. Nur ein weltpolitischer Erdrutsch (...) könnte ein (wieder-)vereinigtes Deutschland als dann nicht nur im Interesse, sondern für die eine oder die andere ›Supermacht‹ in realisierbarer Nähe liegend erscheinen lassen.«[11] Aber der Tod war schneller. Dem Historiker, der aus dem ehemaligen Ostpreußen stammte, war es nicht vergönnt, dabeizusein bei jenem politischen Erdbeben, dessen Möglichkeit in seine Überlegungen einzubeziehen er den intellektuellen Mut gehabt hatte.

Aber nicht alle besitzen eine solche Freiheit des Denkens. Und außerdem, wie kann man sich den Argumenten des Offensichtlichen verschließen? Neben den Überlegungen der Realpolitik, die dazu zwangen, die Teilung Deutschlands als den Angelpunkt, das Herzstück des europäischen Gleichgewichts anzuerkennen, legten in der Tat auch historische Gründe nahe, die Aussicht auf das Wiedererstehen eines deutschen Nationalstaats endgültig zu den Akten zu legen. »Alles spricht dafür, daß die Phase des konsolidierten nationalen Gesamtstaates von 1871 bis 1933 eine Episode in der deutschen Geschichte gewesen ist und daß wir wieder, freilich auf höherer Ebene, den Zustand erreicht haben, der in Deutschland nach 1815 bestand, nämlich einer Mehrheit deutscher Staaten mit gemeinsamer kulturnationaler Zugehörigkeit.«[12] Jener Zustand Deutschlands in der Zeit nach dem Wiener Kongreß war übrigens gar nicht zu verachten, da er mit seinem reichen politischen und kulturellen Pluralismus einen lebendigen geistigen Wettbewerb zwischen den verschiedenen Hauptstädten der einzelnen deutschen Staaten erzeugte. »Der deutschen Welt kam dabei der Föderalismus zugute, der Polyzentrismus der fürstlichen Residenzen und die Tatsache, daß die großen Bürgerstädte mit ihnen wetteiferten«, so Thomas Nipperdey in seinem reizenden Büchlein.[13] »1850 gab es in Deutschland 23 Hofopern und über 100 städtische Theater, in denen auch Opern aufgeführt wurden.« Das ideale Ambiente für den meteorhaften Aufstieg des Phänomens Wagner.

Versuchen wir zusammenzufassen: Alles erschien absolut klar. Die Geschichte und die Politik hatten ihr Urteil verkündet. Karl Jaspers schien keine Zweifel zu haben: »Die Geschichte des deutschen Nationalstaats ist zu Ende, nicht die Geschichte der Deutschen. Was wir als große Nation uns und der Welt leisten können, ist die Einsicht in die Weltsituation heute: daß der Nationalstaatsgedanke heute das Unheil Europas und nun auch aller Kontinente ist.«[14] Die Gegenwart Deutschlands, die verursacht wurde durch seine Vergangenheit, wird auf diese Weise zur Zukunft der anderen Nationen: Die Situation der Teilung des Landes, die Existenz zweier deutscher Staaten, ein hartes Schicksal, von dem man nur realistisch

Kenntnis nehmen konnte, macht eine unerwartete, plötzliche Metamorphose durch. Sie wird geradezu zur Vorwegnahme dessen, was einmütig für eine unausweichliche und positive Perspektive gehalten wird, nämlich die Tendenz zur Überwindung des Nationalstaates selbst. Ein erster Schritt, welcher – wenigstens diesseits der Mauer – zur Geburt des vereinigten Europa und zum Beginn eines neuen Zeitalters des Kosmopolitismus führen würde. Die Schuld wird zur *felix culpa*, zur glückbringenden Schuld, zum Glücksbringer für alle, die Deutschen und die Europäer. Doch offensichtlich nur für jene unter ihnen, die das Los gezogen hatten, im Westen geboren zu werden oder dort zufällig zu wohnen. Ein doppelter negativer Zwang schien also den Weg zur deutschen Wiedervereinigung zu versperren: der geopolitische der Gegenwart und der ethische der Vergangenheit; die Forderung des Friedens und die Forderung des Gedächtnisses; die Gefahr eines künftigen Holocaust und die Obsession des vergangenen.

Der europäische Argwohn

Als sich der durch den Fall der Berliner Mauer aufgewirbelte Staub gelegt hatte, tauchte das Gespenst »Großdeutschland« wieder auf. Und mit ihm der lange Schatten jener »Vergangenheit, die nicht vergeht«, der Vergangenheit der deutschen Geschichte, die seit mehr als hundert Jahren das Geschick des Kontinents bestimmt. Die Entscheidung, den Sitz der Hauptstadt nach Berlin zu verlegen, erschien dann als die endgültige Bestätigung für viele pessimistische Prophezeiungen, die von der Aussicht auf Vereinigung der beiden Deutschland hervorgerufen wurden. Die Euphorie in Deutschland und in Europa dauerte tatsächlich nur die Spanne einer einzigen Nacht. Dann gewannen Unbehagen und Verwirrung die Oberhand.

Der 9. November 1989 – so wollte es jetzt eine auf traurige Weise nostalgische Interpretation, die weithin in der öffentlichen Meinung westlich der Mauer vorherrschte – war nicht der Tag, an dem man den Sieg der Freiheit über die Unterdrückung feierte, den Sieg der westlichen Werte über die Schrecken des asiatischen Despotismus, das Ende eines verhaßten totalitären Regimes, kurz, den Zusammenbruch des Kommunismus und die Rückkehr der östlichen Brüder in den Schoß der Familie nach einem halben Jahrhundert sowjetischer Gefangenschaft. Die Gegenwart wurde mit der fernen Vergangenheit verknüpft, Kanzler Kohl, bis zu diesem Moment sowohl in seinem eigenen wie in anderen Ländern eher Gegenstand des Spottes – »eine Null vor dem Komma« hatte Rüdiger Altmann ihn genannt –, wurde in den Augen der Welt tatsächlich mit einem Schlag ein anderer. Der »gute Riese« aus Mainz wurde in Karikaturen als der neue »eiserne Kanzler« dargestellt.

Wenn man zum Maßstab nahm, was sich in der Vergangenheit ereignet hatte, dann mußte man das Wiedererstarken der deutschen Macht im Zentrum des Kontinents als Vorspiel zum Beginn einer neuen gefährlichen Epoche der Destabilisierung interpretieren, als Signal für das Ende jenes Gleichgewichts (»das goldene Zeitalter des kalten Krieges«), in dessen Schatten Westeuropa eine sehr lange Periode des Wohlergehens und der stabilen Demokratie erlebt hatte. »Deutschland einig Vaterland!« Nie klang ein Ruf so bedrohlich für das Bewußtsein so vieler Europäer. Nun war also der Wirtschaftskoloß auf tönernen politischen Füßen beseitigt, der die Bundesrepublik gewesen war, eine Art Neuauflage des »Rheinbundes«, die der katholische Rheinländer Adenauer geschaffen hatte.[15] Deutschland würde wiederum – so der am weitesten verbreitete Einwand gegen die Wiedervereinigung – in gefährlicher Weise dem protestantischen, preußischen Deutschland Bismarcks gleichen. Und an den Wassern der Spree würde sich wiederum jene zwiespältige und wenig beruhigende Aussicht auf das Wiedererstehen eines »ruhelosen Reiches« im Herzen Europas zeigen. Kurz, 1990 sei geschehen, was analog zu 1871 sei, als die Geburt des Zweiten Reiches das Gleichgewicht des europäischen Konzerts der Nationen gesprengt hatte, das seit der Zeit nach dem Wiener Kongreß für mehr als ein halbes Jahrhundert für (einen relativen) Frieden und für Stabilität gesorgt hatte. Ein Gleichgewicht, das nicht zufällig auf der hartnäckigen Überzeugung Metternichs beruhte, die Aussicht auf eine deutsche Nation sei »entweder eine Illusion oder eine gefährliche Idee«. Gemäß einem solchen Denkansatz war die einzige Mission, die Deutschland in Europa erfüllen konnte, wie Rousseau sagte, in viele Staaten zersplittert zu sein und zu bleiben. Das sollte die Voraussetzung – um die Worte Lord Castlereaghs zu benutzen – für die *Repose of Europe* sein. Aber die Analogie führt ganz offensichtlich in die Irre. Denn anders als in der Vergangenheit, als die Geburt des deutschen Nationalstaates in der Tat Ursache der Krise des europäischen Gleichgewichts war, ist dieses Mal die Wiedervereinigung Deutschlands das Ergebnis einer Krise, nämlich das Endergebnis der Auflösung der internationalen Nachkriegsordnung. Der Schuldige ist in diesem Fall mit Sicherheit nicht Kohl, sondern Gorbatschow, nicht Deutschland, sondern der Zusammenbruch des ersten »Arbeiter- und Bauernstaats«.

Plötzlich hatte die Geschichte begonnen davonzustürmen. Aber in welche Richtung? Über der Antwort auf diese Frage hat sich das Bewußtsein des Kontinents gespalten und ist die Identität der deutschen und der europäischen Linken buchstäblich zu Bruch gegangen.

Die Vereinigung Deutschlands hat die Gleichgewichte des Kontinents völlig verändert, indem sie bei den benachbarten Ländern, die beim Anblick des »massig« gewordenen Weggefährten zwischen Furcht und Verlegenheit schwankten, Ressentiments und Argwohn weckte. Es ist in der Tat schwierig, mit einem Elefanten ins Bett zu gehen oder – die Engländer drücken sich da schamhafter aus – mit ihm ins Boot zu steigen. Und heute ist Deutschland wiederum die mächtigste europäische Nation geworden: Zwischen der amerikanischen Ostküste und dem Ural, zwischen Washington und Moskau gibt es wieder den deutschen Koloß. Das ist die Erklärung für die antideutsche Allergie, die sich im Moment in Europa ausbreitet. Es ist eine Art Abwehrreaktion, ein seltsames Gemisch von wirklichen Frustrationen und eingebildeten Ängsten, das die politisch-kulturellen Eliten von London, Paris und Rom um den Schlaf bringt (viel weniger offensichtlich jene im Kreml und im Weißen Haus). Zeitungen, Intellektuelle und Nostalgiker aus der guten alten Zeit der Mauer und der Panzerdivisionen am Checkpoint Charlie scheinen im Verein mit den üblichen unheilbaren Geschichtsphilosophen heute nichts Besseres zu tun zu haben, als sich mit folgender dramatischen Frage herumzuschlagen: Wird das neue, das »große« Deutschland zum dritten Mal in diesem Jahrhundert versuchen, »den Himmel zu stürmen«, um seine Oberherrschaft über das Gebiet zu errichten, das die Geopolitiker die »eurasiatische Landmasse« nennen? Erlebt Europa die Geburt des Vierten Reiches?

Natürlich wagt niemand, dies offen zu behaupten

(auch wenn es jenseits des Kanals nicht wenige denken und beginnen, es halblaut weiterzusagen; es genügt, die Protokolle zu überfliegen, die beim *brain storming* auf dem privaten Landsitz Frau Thatchers im März 1990 aufgenommen wurden). Was zwischen Oder und Rhein geschieht, wird von großen Teilen der öffentlichen Meinung in den anderen europäischen Ländern mit einer Angst und einem Argwohn erlebt, deren Ausmaß nur der aufreizenden Desinformation und feindseligen Voreingenommenheit vergleichbar sind. Es scheint, als sei das nachkommunistische Europa auf der krampfhaften Suche nach einem neuen Feind, gleichsam als wolle es das durch das Ende des Faktors »K« entstandene Vakuum auffüllen.

Ununterbrochen heraufbeschworen, könnte die neue »Gefahr Deutschland« tatsächlich Wirklichkeit werden.[16] Seine Nachbarn, das ist nichts Neues, lieben Deutschland nicht: Sie können es nur beneiden oder fürchten. Wozu sie übrigens allen Grund haben. Es genügt, die Geschichte des 20. Jahrhunderts zu durchblättern. Aber das übelwollende Vorurteil ist eine andere Sache. Auch in der Vergangenheit wurden in regelmäßigen Abständen wegen einer möglichen Hegemonie der D-Mark von Engländern und Franzosen Besorgnisse gegenüber der Bundesrepublik geäußert, die so gar nicht zu der Rolle von Alliierten paßten. »Die Angst vor Deutschland ist erstaunlich«, stellte Elie Wiesel fest, »trotz der freundschaftlichen Beziehungen, die zwischen General de Gaulle und Konrad Adenauer bestanden, zwischen Pompidou und Brandt, zwischen Giscard d'Estaing und Helmut Schmidt, sind die Franzosen immer noch mißtrauisch und traumatisiert gegenüber ihrem Nachbarn im Osten.«

Entsprechend diesem Gemisch aus Schadenfreude

und neiderfüllter Furcht haben Teile der politischen Klasse und der öffentlichen englischen und französischen Meinung immer mit Argwohn auf die Wiedergeburt und den unaufhaltsamen Aufstieg Deutschlands geblickt, auf ein Deutschland, das im Begriff war, mit Hilfe seiner Wirtschaft zu erobern, was es durch Krieg vergeblich zu erringen gesucht hatte: die Vormachtstellung auf dem Kontinent. Daher die ständige Unruhe über alles, was in diesem Land geschah: in Frankreich, das überzeugt war, den teutonischen Koloß im engmaschigen Netz der bilateralen und europäischen Gemeinschaftsbeziehungen bändigen zu können; in England, das im Gegenteil, getreu seinem insularen Isolationismus, fürchtete, ein vereintes Europa könne zu einem trojanischen Pferd werden, in dem die »blonde Bestie« ihren Willen zur Macht verberge.

So läßt sich auch die systematische Suche nach aufsehenerregenden Berichten erklären: Man wollte von Deutschland ein alarmierendes und verzerrtes Bild geben und auf diese Weise das Mißtrauen, das man ihm entgegenbrachte, bestätigen, wenn nicht noch verschärfen. Diesem Zweck dienten alle Berichte über Deutschland, ohne Rücksicht darauf, daß sie einander widersprachen. Wirtschaftswunder und Rezession, neonazistische Untaten und linker Terrorismus, Pazifismus und angeblicher Revanchismus der führenden Klassen. Die Analysen zum Thema der angeblichen deutschen Gefahr sind zahllos.

Ein Beispiel von vielen: Wir befinden uns in der Mitte der siebziger Jahre; die bundesrepublikanische Szene ist seit langem von den großen Gestalten der sozialdemokratischen Kanzler beherrscht, von Brandt und von Helmut Schmidt. Die SPD reformiert während ihrer Regierungszeit die deutsche Gesellschaft von Grund auf. Es gelingt ihr, neben

Schweden, das fortschrittlichste Modell des Wohlfahrtstaats zu verwirklichen und dadurch zu einem positiven Modell für die gesamte europäische Linke zu werden. Deutschland ist in jenen Jahren, auch dank des »langen Marsches durch die Institutionen« der »Achtundsechziger«, das freieste, das »am wenigsten deutsche« Land des Kontinents: ein Laboratorium für neue Ideen, wo man mit neuen Formen zwischenmenschlicher Beziehungen geradezu experimentiert und zum ersten Male nachzudenken beginnt über das Verhältnis von Mensch und Natur, indem man den Mythos des industriellen Fortschritts in Frage stellt.

Aber es ist nichts zu machen: Die Macht des Vorurteils ist unerbittlich. Während in Frankreich und Italien sich die offizielle Linke mit den Träumen eines unmöglichen Eurokommunismus die Zeit vertreibt, hoffen neue Philosophen und alte Professoren auf der Suche nach den Schaudern der Revolution, sie könnten bei den Massen das revolutionäre Bewußtsein entzünden und bei den Extremisten den Protest schüren, wenn sie das Schreckgespenst Deutschland beschwören, als sei es das Böse an sich. Es ist die Stunde des Kampfes gegen die *Germanisierung*, der von der »Bewegung von 1977« ausgerufen war, Vorspiel zu einer tragischen Periode des roten Terrorismus. Wir alle erinnern uns an Sartre, der herbeilief, um die Menschenrechte in Deutschland zu verteidigen, noch ganz erfüllt vom maoistischen Enthusiasmus für die »cause du peuple«. In seiner Begleitung waren sein treuer Schüler und Sekretär und Klaus Croissant, der Anwalt der Rote-Armee-Fraktion, welcher sich damals als ein Opfer polizeilicher Verfolgung ausgab, während er in Wirklichkeit ein Spion der Stasi war.

Und trotz allem: Deutschland war nie eine Nation

wie jede andere und wird es niemals sein. Es hat etwas »Anormales« an sich: Es besetzt die Mitte Europas, ist das strategische Herz und außerdem die wirtschaftlich mächtigste Nation. Auch früher war kein geopolitisches Gleichgewicht ohne die Bundesrepublik möglich. Aber im Unterschied zu früher muß man jetzt mit der Realität eines vereinten Deutschland rechnen. Was in den Jahrzehnten der Nachkriegszeit nur eine gefürchtete, hypothetische Möglichkeit war, die deutsche Hegemonie auf dem Kontinent, das scheint Wirklichkeit geworden zu sein. Aber heute befinden wir uns bestimmt nicht am Vorabend von 1914, noch weniger in der finsteren Situation von 1939. »Fast der ganze Osten«, kommentierte Le Monde, »träumt davon, eine deutsche Einflußzone zu werden.« Dieses Szenario hätte in der Vergangenheit Anlaß zu großer Aufregung gegeben – um das zu wissen, reicht es, ein gutes Gymnasium besucht zu haben –, bis zum Extremfall der Mobilmachung. Für die Länder Osteuropas ist dieses Szenario jedoch Anlaß zur Hoffnung auf eine bessere wirtschaftliche Zukunft und ihnen ebenso wichtig wie die Anwesenheit der Amerikaner für ihre politische Sicherheit. Ein englischer Kommentator schreibt: »The historical fear of being dominated by the Germans coexists uneasily with the even greater contemporary fear of being neglected by German capital and German elites.«[17]

Jedoch, es bleibt trotz allem ein Argwohn, ein Groll bestehen. Wenn nun der Dämon, der die sture protestantische Tüchtigkeit hervorbringt, der gleiche wäre wie jener, der sich zwischen den Greueln der »Banalität des Bösen« umhertreibt? Können wir tatsächlich sicher sein, daß Deutschland nicht wiederum sich selbst und die Welt verraten wird? Existiert nicht vielmehr ein geheimer Zwang zur Wiederholung dessen, was wie ein Fluch auf dem deutschen Schicksal lastet? Und wenn nun dies Kollektivverhalten, das sich während der Nazizeit als krankhafter Anfall äußerte, archetypischer Ausdruck des deutschen Geistes wäre, Endresultat einer tragischen Verbindung von Geschichte, Kultur und Geographie? »In der Geschichte ist Deutschland nicht das einzige verbrecherische Land gewesen«, schrieb ein Kommentator der New York Times, »aber sicherlich das abstoßendste. Das Problem besteht nicht nur in der Tatsache, daß noch reale, sehr tief sitzende Ängste vor Deutschland bestehen, sondern darin, daß dies Land etwas an sich hat, das diese Ängste immer wieder aufs neue hervorruft.« Ein untilgbares »Etwas-an-sich« also, ein absolutes und völlig negatives Anderssein, das Deutschland unerbittlich auf den *Holzweg* seiner tragischen Vergangenheit zurückführen würde. Ein furchtbarer Verdacht! Vielleicht ein ungerechtfertigter.

Ein Doppelwesen und eine tiefe Unsicherheit kennzeichneten in der Vergangenheit die deutsche Identität und machten ihre strukturelle Schwäche aus. Dieser den ewigen *incertitudes allemandes* zugrunde liegende Zustand schien endgültig überwunden, »objektiviert« in der geopolitischen Wirklichkeit der Aufteilung in zwei deutsche Staaten. Damit hatte sich dieser Zustand (mit dazugehörendem kaltem Krieg und grausamer Diktatur im Namen des »deutschen Sozialismus«), in erster Linie für die Deutschen selbst, zu einer Art perverser Daseinsgarantie gewandelt, zu einem Gegengift, zu zynischer Absicherung gegen die Vergangenheit. Aber heute? Deutschland ist wiederum eins. Ist es auch wieder ein politisch und geistig gefährliches Land? Oder ist es gerechtfertigt, daran zu glauben, daß wir gerade die Anfänge einer neuen deutschen Geschichte erleben, nachdem die Reste des 20. Jahrhunderts unter den Trümmern der Berliner Mauer begraben sind?

Eine politische Gedächtnisschwäche

Die Lage Deutschlands gleicht der eines Vorbestraften: Die Vergangenheit spricht nicht zu seinen Gunsten. Ihm gegenüber existiert ein tiefverwurzeltes Gefühl von Mißtrauen und Feindseligkeit. Dieses Land strahlt etwas aus, das erschreckt. Sein Schicksal scheint bestimmt zu sein von einem unzügelbaren Hang, die Kontrolle über sich zu verlieren, sich periodisch in eine Spirale von Kollektivrausch hineinzusteigern, die regelmäßig in einer Katastrophe gipfelt. Eine perverse Dialektik von Hybris und Nemesis. »Es gibt in der deutschen Geschichte«, sagt Walter Laqueur, »eine Tendenz zur Übertreibung und zum Übermaß, eine Art Starrsinn, einen Hang, die Dinge bis zu ihrem (angeblich) logischen Ende zu verfolgen, anstatt einzuhalten und zu überlegen.«[18] Eine Art unwiderstehlicher Neigung zum Absoluten, regelmäßig das Vorspiel zum unvermeidlich darauf folgenden Schiffbruch.

Schlimmer noch. Wenn die von den Deutschen im 20. Jahrhundert gezeigte historische Verantwortungslosigkeit nun in Wirklichkeit Ausdruck für eine unkorrigierbare anthropologische Degeneration wäre, wenn sie den wahren Charakter des Volkes zeigte? »Die Deutschen sind alle Nazis ... ganz gleich, wo wir Nudeln kaufen, es sind immer nur Nazis.« Der brutale Rundumschlag Thomas Bernhards drückt mehr als seine persönliche Idiosynkrasie aus. Es ist genau das, was die meisten Europäer, was sogar viele Deutsche über Deutschland denken: Es handle sich um ein Land, dem zu vertrauen gefährlich sei und das deshalb so lange wie möglich unter politischer Vormundschaft bleiben solle, in Quarantäne.

In einem Brief vom 20. August 1951 schreibt Alfred Döblin an Elvira und Arthur Rosin: »Es kam alles langsam heraus, was die Niederlage verdeckt hatte, und das war einfach ein rechter solider Nazismus, den man in sich hatte. Sie werden das nicht aus den Deutschen austreiben. Die Engländer änderten ihren Nationalcharakter in Revolutionen, die Franzosen ebenso, die Deutschen sind dazu nicht imstande.« Für all dies wäre Auschwitz nur die letzte tragische Bestätigung, Zeugnis eines unsühnbaren Verbrechens, das Deutschland gegen den Prozeß der Zivilisierung beging, unwiderlegbarer Beweis für einen Zivilisationsbruch, der innerhalb der Kultur der Neuzeit ohne Beispiel ist. Unerhört, unsühnbar und deshalb unwiderruflich wie die Verurteilung durch die Geschichte, die sich daraus ergab.

So gesehen wird das Dritte Reich zur Endstation für die Geschichte der deutschen Nation, zum Schlußkapitel einer Entwicklung, die 1871 begann. Zum Inbegriff des Schreckens, zur Zusammenfassung und höchsten Steigerung eines Jahrhunderts des Grauens. Bismarck und Hitler, das ist die These, die auch heute noch in weiten Kreisen der politischen europäischen Kultur vorherrscht – die Geschichte schreibt ja bekanntermaßen der Sieger –, stellten die erste und letzte Station auf dem Irrweg einer Nation dar. Mit einer verzerrten Interpretation, in der man die ideologischen Beweggründe von den historischen Analysen kaum unterscheiden kann, wird die Beurteilung des Nationalsozialismus sozusagen zurückverlegt, rückwärts projiziert, ausgedehnt auf die ganze deutsche Vergangenheit, die dadurch zu einem bloßen Vorspiel wird, zu einer Voraussetzung für die Schlußtragödie. Das ist so, wie wenn der napoleonische Imperialismus, der Antisemitismus in der Zeit der Dreyfus-Affäre oder die Kollaborateure von Vichy unser Frankreichbild prägten. Sieht man den Hitlerismus als die Gestalt, in der sich der mysteriöse Deutsche endlich zu erkennen gibt, dann scheint dieser sogar schon – wenn auch nur im Keim – bei der Gründung des deutschen Nationalstaats existiert zu haben. Wie Gian Enrico Rusconi zu Recht betont hat, ist dies ein echter Kurzschluß, durch den der deutsche Nationalstaat unerlaubterweise mit dem totalitären Nazistaat gleichgesetzt wird. Ganz so, als ob es zwischen preußischem Militarismus und Völkermord, zwischen dem Deutsch-französischen Krieg und dem Unternehmen »Barbarossa« keinen Unterschied gäbe, keinen Bruch in der Kontinuität. Der rote Faden, der sich durch die Geschichte des modernen Deutschland zieht, sei ein blutbeflecktes Bajonett. Nach Adorno »hat Hitler den Menschen im Stande ihrer Unfreiheit einen neuen kategorischen Imperativ aufgezwungen: ihr Denken und Handeln so einzurichten, daß Auschwitz nicht sich wiederhole, nicht Ähnliches geschehe«.[19] In erster Linie muß man also die Ursache jener abscheulichen politisch-geistigen Degeneration, die Kultur in »Abfall« verwandelt hatte, mit der Wurzel ausrotten, nämlich die deutsche Nation. (Aber man weiß, daß in der epochemachenden Diagnose des Frankfurter Philosophen Auschwitz die Metapher darstellt oder, wenn man das lieber möchte, den Extremfall einer allgemeinen und tragischen *conditio humana*.)

Die Geburt des deutschen Einheitsstaats im Zentrum des Kontinents, in jener Mittellage, die sich als Geburtsfehler Deutschlands erwiesen hat, war nicht einfach ein verhängnisvoller Irrtum, sondern wohl Schlimmeres: Im Laufe der Jahre sei sie als Folge einer pathologischen Degeneration der entscheidenden

Bestandteile ihres genetischen Codes zu einem echten Verbrechen gegen die Menschlichkeit geworden. Das Urteil, das nach dem Ersten Weltkrieg noch Freispruch wegen Mangels an Beweisen hieß, sei im Mai 1945, bei der Kapitulation des Nationalsozialismus, rechtskräftig geworden.

»Wir werden zwar ... nicht finden, daß unsere Geschichte auf Auschwitz zuliefe, aber doch auch nicht leugnen können, daß sie heute nur mehr sub specie Auschwitz gesehen werden kann.«[20] Deshalb erschien es niemandem, und der öffentlichen demokratischen Meinung im Osten wie im Westen Deutschlands weniger denn je, nicht nur politisch inopportun, sondern geradezu moralisch skandalös, Einwände gegen die Tatsache der deutschen Teilung zu erheben. Sie wurde als eine Konsequenz betrachtet, gegen die nichts einzuwenden war, jedenfalls dann nicht, wenn man das nationale Geschick Deutschlands von seinem Ende her interpretierte. Deutschland war wegen der Schuld, mit der es sich in der Vergangenheit befleckt hatte, »gerecht« seines Grundrechts beraubt worden, eine Nation zu sein. Es erlitt eine verdiente Strafe, beschlossen vom Tribunal der Geschichte gegen ein Volk, das sich entsetzlicher Verbrechen schuldig gemacht hatte. Die Berliner Mauer wurde ein Symbol, sie verwandelte sich in eine Art Schaustück, das den Sieg der Demokratie über den Nazifaschismus bewies, zu einem Mahnmal für die Zukunft.

Und es ist kein Zufall, daß gerade dies die Argumentation mit größerer emotionaler Wirkung war, vorgetragen von denen, die versuchten, sich dem Vereinigungsprozeß entgegenzustellen, daß dies die These war, die einige bedeutende deutsche Intellektuelle wie Grass und Habermas hartnäckig und leidenschaftlich immer wieder vortrugen. »Die Wortblase ›Wiedervereinigung‹ platzte, weil niemand, der bei Verstand und geschlagen mit Gedächtnis ist, zulassen kann, daß es abermals zu einer Machtballung in der Mitte Europas kommt... Denn jener Einheitsstaat, dessen wechselnde Vollstrecker während nur knapp 45 Jahren anderen und uns Leid, Trümmer, Niederlagen, Millionen Flüchtlinge, Millionen Tote und die Last nicht zu bewältigender Verbrechen ins Geschichtsbuch geschrieben haben, verlangt nicht nach einer Neuauflage und sollte nie wieder politischen Willen entzünden.«[21] Dieses unabänderliche Urteil, das Grass im Dezember 1989 verkündete, also kaum einige Wochen nach dem Fall der Mauer, drückte ein in der Bundesrepublik weithin geteiltes Gefühl und die Ängste ganz Europas aus. Und dennoch war dieses Urteil nicht nur wegen seiner eindeutig polemischen Verzerrung fragwürdig, sondern in vieler Hinsicht geradezu falsch.

Die Teilung Deutschlands war ein ungewolltes Ergebnis des kalten Krieges, der militärischen und politischen Konfrontation zwischen Ost und West, für die Deutschland das Hauptschlachtfeld wurde. Die Auflösung Deutschlands als nationaler Einheitsstaat war nicht nur die Konsequenz der Niederlage des Dritten Reichs, sondern außerdem die letzte Phase des »Europäischen Bürgerkriegs«. Wie man sieht, handelt es sich um zwei absolut konträre Interpretationen der Geschichte Deutschlands, von denen ebenso viele konträre Perspektiven für sein künftiges Schicksal herrühren.

Und so erschien bis zum Fall der Mauer selbstverständlich, was nicht oder nur zum Teil eindeutig war. Eine politische Gedächtnisschwäche also, reich an Konsequenzen. Und im Augenblick Beweis dafür, wie eine gewisse Linke, obwohl politisch in der Minderheit, zur »Herrin der europäischen Meinung« wurde. Der politische Mehrwert, geschaffen vom Antifaschismus, wurde hauptsächlich von der Sowjetunion und von der kommunistischen Bewegung in bare Münze umgewechselt, denen es auf diese Weise gelang, sich eine Art moralischen Schutzbrief zu verschaffen. Nicht zufällig beschworen sie ständig die deutsche Gefahr neben der imperialistischen Bedrohung durch Amerika (als ob die Vereinigten Staaten Europa nicht gerade zweimal vor Deutschland gerettet hätten); denn die deutsche Gefahr war eine für alles passende Erklärung, dank der sie die Greueltaten des Stalinismus »verstehen«, wenn nicht geradezu rechtfertigen und für die Existenz des sozialistischen Lagers eine weltgeschichtliche Motivation finden konnten. Die Angst vor Deutschland hat als bequemes Alibi gewirkt, um jahrzehntelang die Wahrnehmung zu verhindern, daß noch ein anderes »absolut Böses« existierte, der Stalinismus und der Archipel Gulag.

Eines der Geheimnisse, das nur die Zeit aufklären kann, ist das widersprüchliche politische Bewußtsein der europäischen Linken, das den Deutschen gegenüber äußerst sensibel, bis hin zum Beleidigtsein, reagierte und dann wieder voller Wohlwollen, Nachsicht und Aufmerksamkeit war gegenüber Autoren wie Heidegger, Carl Schmitt und Ernst Jünger.

Rote Mandarine

Große Ereignisse sind immer von überraschenden Phänomenen begleitet, in deren Licht Geschehnisse, die man sonst vielleicht kaum registrieren würde, die Bedeutung von Warnsignalen erhalten. Die deutsche Wiedervereinigung hat dies wieder einmal bewiesen. Diese große geopolitische Umwälzung hat verblüffende geistige Wirkungen hervorgebracht, die es ermöglichen, einige der wichtigsten Kapitel der europäischen Kulturgeschichte der Nachkriegszeit neu zu lesen. Der Fall der Mauer hat zum Beispiel verheerende Konsequenzen für die Identität der europäischen Linken gehabt und war begleitet von einem wahren »Gestammel« der deutschen Intellektuellen. Die Priester des Geistes haben sich als Mandarine entpuppt, als »kritische Kritiker«, die in Wirklichkeit dabei waren, sich in aller Stille politisch und kulturell in *beati possidentes* zu verwandeln, ein seltsamer Rollenwechsel, der bis zu jenem Moment dem Bewußtsein der öffentlichen Meinung entgangen war. Der Schock der Vereinigung brachte ihre Doppelzüngigkeit ans Licht, deren sie sich wahrscheinlich selbst nicht ganz bewußt waren.

Die Revolutionäre von gestern oder wenigstens diejenigen, die aus der Opposition gegen die herrschende Kultur und in einigen Fällen sogar gegen die »herrschenden sozialen Verhältnisse« einen Beruf gemacht hatten, sie entpuppten sich als die erbittertsten Verteidiger des Status quo. Mehr noch. Paradoxerweise wollten sie ihre Opposition gegen das, was sie unter anderen Umständen enthusiastisch als »den Gang der Geschichte« begrüßt hätten, als Beweis ihrer Vorurteilslosigkeit und ihres politischen und geistigen Nonkonformismus aufgefaßt sehen.

Selbstverständlich liegen die Dinge anders. In Wirklichkeit handelt es sich um ein ethisches Debakel, um das Offenlegen einer sensationellen, schon an Zynismus grenzenden Insensibilität gegenüber den wichtigen Fragen von Freiheit, Wohlstand, Demokratie und natürlich – warum nicht? – auch der berechtigten »bürgerlichen« Normalität der Völker Europas im allgemeinen und des ostdeutschen Volkes im besonderen. Der Sturm durch das Brandenburger Tor war die große Metapher, in der sich die praktische Kritik am real existierenden Sozialismus von Millionen von Deutschen verdichtete. Und es war zur gleichen Zeit der Weg, den sie wählten, um in den Westen zurückzukehren. Vielleicht dürfen die deutschen Meisterdenker nur in einem Punkt mit einigem Recht stolz sein: Sie sind konsequent gewesen. Zwischen den Anschauungen, die sie 1989 vertraten und denjenigen, die sie vorher hatten, gibt es in der Tat keine Unterbrechung. Der Günter Grass der »Blechtrommel«, der hoffte, endlich eine Lösung für das tragische Dilemma der deutschen Geschichte gefunden zu haben, indem er Deutschland dazu verurteilte, wie der kleine Oskar ein krankes Kind zu bleiben, das nicht wachsen will, ist mit Sicherheit derselbe, der mit unermüdlicher Hartnäckigkeit sich zum Hauptgegner des »neuen großen Deutschland« ernannte, zum Unglückspropheten. Ebenso sind die politischen Ideen Heiner Müllers immer dieselben geblieben, ob er nun Regimegegner war oder ob er sich nachher zum Propheten des deutschen Sozialismus ernannte.

Aber gerade dies, daß sie sich ideologisch immer gleichblieben, daß sie geradezu geistig gelähmt waren, spricht nicht zu ihren Gunsten. Es fällt schwer zu glauben, daß ihr hochmütiges *non possumus* gegenüber einer Entwicklung, die die Geschichte und die Welt umstürzte, ein bloßes Versehen war, schlimmstenfalls als läßliche Sünde zu werten, ein bloßer Unfall auf dem Weg. Uns aber erscheint das heute als Symptom einer geschichtsbedingten Beschaffenheit: einer heimlichen Neigung zu einer gemäßigten Haltung, die sich als Ausdruck radikaler Opposition ausgab oder – besser – verkleidete. Ihr Verhalten wirkt wie die aristokratische Verachtung für die Wünsche des ostdeutschen Volkes im Namen des höheren Interesses der »wahren« Revolution. Wie in einem billigen

Roman haben viele deutsche Intellektuelle, im Osten wie im Westen, nach dem Fall der Mauer eine starke Gefühlsbindung entdeckt, die nie offen eingestandene Leidenschaft für eine politisch-soziale Realität, die jetzt dabei war zu verschwinden und für die sie vorher nur eisige Gleichgültigkeit, wenn nicht gar Feindseligkeit an den Tag gelegt hatten. Dieser Fall von politischer Nekrophilie, diese Einsicht in *capitulo mortis* betraf vor allem die wohlhabende und friedliche Bundesrepublik: Gerade diejenigen, die vorher ihre schärfsten Kritiker gewesen waren und sie gerne »Scheißrepublik« genannt hatten, änderten jetzt Hals über Kopf ihre Meinung. Sie wandelten sich zu nostalgischen Apologeten und schlüpften in die nun wirklich unerwartete Rolle von *laudatores temporis acti*. Allen voran einige Achtundsechziger, die in der Vergangenheit reich und berühmt geworden waren und mit nicht weniger Verbissenheit konfuse revolutionäre Ideale vertraten.

Den vielleicht sensationellsten Beweis für solchen Gesinnungswandel in letzter Stunde liefert uns Patrick Süskind, der erfolgreiche Autor von »Das Parfüm«. Ironisch sprach er von einer politischen Midlife-crisis. »Ja, und ein wenig traurig bin ich, wenn ich daran denke, daß es den faden, kleinen, ungeliebten, praktischen Staat Bundesrepublik Deutschland, in dem ich groß geworden bin, künftig nicht mehr geben wird... Das Verhältnis zu dem Staat, in dem wir lebten, ...war zunächst skeptisch, später aufmüpfig, dann pragmatisch und zuletzt, vielleicht, sogar von distanzierter Sympathie geprägt.«[22] Es ist eine Mischung von unverantwortlichem Hedonismus, postmoderner Gleichgültigkeit, von »proletarischem Anti-Internationalismus«[23] und außerdem einer eindeutig egoistischen Verteidigung des erreichten Wohlstands, den ihnen jener deutsche Wohlfahrtsstaat garantierte, für den sie früher nur Gleichgültigkeit, wenn nicht gar Feindseligkeit bekundet hatten. Das so verachtete, manchmal gar gefürchtete *Modell Deutschland* des durch und durch bürgerlichen Westdeutschland erfuhr eine unerwartete, begeisterte Verklärung, es wurde idealisiert, wurde zum letzten Bollwerk, zur letzten Zuflucht vor der Geschichte.

Und die von uns getrennten »Brüder und Schwestern im Osten«? Man hatte Mitleid, vielleicht. Auch Verständnis. Aber mehr nicht. Der Westen richtete an sie eine zynische Rede von der Ungleichheit, die dazu aufforderte, Gemütsruhe zu bewahren, und außerdem entschuldigte man sich für die eigenen Privilegien und gab sie aus als Sinn für die geschichtliche Verantwortung. »Liebe Freunde, bitte bleibt, wo ihr seid. Kommt nicht zu uns und versucht nicht, euren Staat mit unserem zu vereinigen. Wenn ihr das tut, schwächt ihr nur den zivilisierten westlichen Charakter unserer Bundesrepublik. Erinnert euch lieber daran, wie schön es war, wenn wir euch drüben trafen. Diese interessanten Gespräche! Diese Intensität! Diese Solidarität! Und dann diese Ruhe! Nein, schließt euch uns nicht an. Davon hätte niemand etwas.«[24] Das ist die Botschaft, die der englische Historiker Timothy Garton Ash in einer Parodie voller Spott jemanden auf die andere Seite der Mauer hinüberschicken ließ.

Und dann gibt es da noch die harten Gesetze der Realpolitik, die die Frage ein für allemal, ohne daß es einen Ausweg gab, lösten. Und gerade auf diese Realpolitik beriefen sich jetzt diejenigen gerne, die sie vorher frohgemut beiseite geschoben hatten im Namen des »Prinzips Hoffnung« oder eines Politikverständnisses, das zwischen lutherischem »Hier stehe ich« und der Ethik der Gesinnung und des guten Willens schwankte. Um noch einmal Süskind zu zitieren:

»Daß die Zeche des Krieges hauptsächlich von den Menschen jenseits des Eisernen Vorhangs bezahlt werden mußte, war bedauerlich, aber nicht zu ändern, es sei denn um den Preis eines weiteren, noch verheerenderen Krieges.« »Lieber rot als tot« war eine Beruhigungspille für das Gewissen, schon deshalb, weil für die Auswirkungen des Rotseins nur jene bezahlen mußten, die im Osten wohnten.

Um die wahren Gründe für die Kluft zu verstehen, die sich, abgesehen von einer kurzen Anfangsphase, zwischen den Intellektuellen und dem Volk auftat, muß man sich eine unausgesprochene Prämisse, eine stillschweigende Überzeugung vor Augen halten, die von den meisten deutschen Intellektuellen westlich wie östlich der Mauer geteilt wurde. Es gab für sie eine Gewißheit, eine Art ethisch-politisches Gebot, auf dem ihr ganzes Gedankengebäude errichtet war: Die Teilung Deutschlands sei nicht nur ein historisches Faktum, sondern auch eine positiv zu wertende Realität, ein Gewinn für die europäische Demokratie, ja, sie sei notwendig, um einen neuen Krieg zu verhindern. Grass und Habermas auf der einen und Christa Wolf oder Heiner Müller auf der anderen Seite der Mauer stimmten in ihren Begründungen weitgehend überein und waren davon überzeugt – wie mit ihnen ein beträchtlicher Teil der wohlhabenden westdeutschen Bevölkerung –, daß die Existenz zweier deutscher Staaten nicht einfach eine Tatsache, sondern ein positiv zu wertendes Ergebnis sei, das man weder in Frage stellen konnte noch durfte. In einigen Fällen ging man noch weiter, bis hin zu einer heimlichen, manchmal unbewußten Schwärmerei für Ostdeutschland, dessen »nichtkapitalistische« Gesellschaft es immun machen werde gegen einen Rückfall in den Faschismus. Eindeutig anders dachten die Einwohner im Osten, in jenem protestantischen Teil Deutschlands, denen das Los zugefallen war, auf der falschen Seite zu leben. Für sie hatte der Krieg nie geendet. Sie hatten von der »Weltgeschichte«, welche die deutschen Philosophen immer gern anrufen, als Gnadengeschenk das traurige Privileg erhalten, für die Schuld der ganzen Nation zahlen zu müssen.

Nach einem halben Jahrhundert »real existierendem« Sozialismus war den Bewohnern der DDR der Wunsch nach Experimenten gesellschaftlicher Ingenieurkunst oder weiteren Versuchen, »neue Wege zum Sozialismus« auszuprobieren, gründlich vergangen. Ihre Forderung, vom Westen annektiert zu werden, war Realpolitik, die viel weiser war als die Suche nach wolkigen utopischen Alternativen zum Kapitalismus. Sie bestanden auf ihrem guten Recht und ihren eigenen Wünschen. Sie wollten mit ihren glücklicheren westlichen Brüdern endlich die Vorteile und natürlich auch die Probleme teilen, die eine demokratische Gesellschaft mit sich bringt, die nach den harten Gesetzen des Marktes funktioniert. Es war eine Wahl, deren mögliche negative Konsequenzen wie Arbeitslosigkeit, Anomie, Verlust der Identität sie nicht einmal ahnen konnten.

Freiheit setzt Komplexität voraus, die Möglichkeit, zwischen mehreren Optionen zu wählen. Daher ist Freiheit nicht leicht, häufig sogar tragisch. Aber wer könnte heute mit gutem Gewissen behaupten, es sei besser, in einem Zustand totaler Entfremdung, absoluter Verantwortungslosigkeit zu leben, statt sich den Beschwerlichkeiten der modernen Welt zu stellen? Vielleicht nur, wer Sklave der eigenen Ideologie ist, deren Konsequenzen er überdies nicht selber tragen muß. Erbarmungslos ist das Urteil Wolf Biermanns, des unbequemen Zeugen aus dem »anderen« Deutschland. Ihn befähigt die Sensibilität des Künstlers zu verstehen, was berühmten Philosophen und Berufssoziologen entgangen ist. »Mit allerhand Altlinken im Westen ist darüber schlecht reden, denn sie sind bösartig verwirrt und sind stocksauer über das Ende des Tierversuches DDR. Sie verübeln es dem DDR-Volk, daß es nicht jenen Sozialismus aufgebaut hat, von dem sie im Westen immer geschwärmt hatten. Viele Linke hier gestehen sich nicht ein, daß sie hinter dem eigenen Rücken heilfroh waren, wenn ihr Schwarm ein Traum blieb, den sie nicht leben müssen.«[25]

Die Wahrheit ist: So wie die Dinge lagen, gab es keine konkret realisierbare Alternative zur Vereinigung. Es gab auch keinen triftigen ethischen Grund, gegen sie zu sein. Deshalb hält auch das Hauptargument der Vereinigungskritiker nicht stand, der sogenannte DM-Nationalismus. Es war ja wirklich nicht das reiche und mächtige Westdeutschland, das sich anschließen und das arme und schwache Ostdeutschland kolonisieren wollte. Es geschah genau das Gegenteil. Wir haben eine regelrechte »Invasion vom anderen deutschen Stern« (Thomas Schmid) erlebt. Das Volk der DDR hat den Westen buchstäblich erobert. Es hat die eigene Annexion erzwungen. Im Westen hingegen leisteten viele Widerstand gegen die Vereinigung, waren frei von jeglichem nationalistischen Antrieb und nur darauf bedacht, ihre eigenen Interessen zu verteidigen. Was die enttäuschten Intellektuellen als Verrat gebrandmarkt hatten, war das genaue Gegenteil gewesen: eine echte Revolution.

Wie man weiß, blieb Kant seiner von Anfang an positiven Beurteilung der Französischen Revolution immer treu. In seinen Augen hatte jenes Ereignis den Charakter einer großartigen, befreienden Einmaligkeit, die nie mehr rückgängig gemacht werden konnte und die der Weltgeschichte eine neue Dimension eröffnete. Er verfaßte seinen »Streit der Fakultäten« 1798, im Alter von 74 Jahren: »Die Revolution eines geistreichen Volkes, die wir in unseren Tagen haben vor sich gehen sehen, mag gelingen oder scheitern; sie mag mit Elend und Greueltaten dermaßen angefüllt sein, daß ein wohldenkender Mensch sie, wenn er sie zum zweitenmale unternehmend glücklich auszuführen hoffen könnte, doch das Experiment auf solche Kosten zu machen nie beschließen würde, – diese Revolution... vergißt sich nicht mehr, weil es eine Anlage und ein Vermögen in der menschlichen Natur zum Bessern aufgedeckt hat, dergleichen kein Politiker aus dem bisherigen Laufe der Dinge herausgeklügelt hätte.«[26]

Zwei Jahrhunderte später haben sich die deutschen Philosophen und Intellektuellen gegenüber den Gründen für die unblutige Revolution von 1989 viel weniger großzügig und einsichtig gezeigt. Sie waren vor allem viel weniger bereit, ihren Charakter und ihre Tragweite zu verstehen. Sie fühlten sich sozusagen vom Volk verraten, und da sie sich kein besseres aussuchen konnten, begnügten sie sich damit, es zu beschimpfen. Der Verlauf, den die Ereignisse genommen hatten, war mit einem schlimmen Makel behaftet: Er hatte ihre Voraussagen Lügen gestraft, jene Vorhersagen über Sinn und Ende der Geschichte, die zu formulieren sie sich von Amts wegen verpflichtet gefühlt hatten. »Die deutsche Einheit«, schreibt Wolf Lepenies mit feiner Ironie, »hat nicht nur den Aufbau des wahren Sozialismus verhindert, sie hat den deutschen Geistesarbeitern auch die Möglichkeit genommen, endlich ihr revolutionäres Defizit zu begleichen. Wer die Einheit wollte, war ein Konterrevolutionär, wer sie beförderte, beging eine Sünde wider den Geist. ›Haltet den Dieb‹, rufen vereint

Stefan Heym und Günter Grass – deutsche Möchtegern-Jakobiner, denen die Revolution gestohlen wurde.«[27]

Irritiert kehrten sie der Geschichte den Rücken und empörten sich über den Verrat an den »wahren« Idealen, die durch die Schuld des »einen Volkes« zerstört worden seien. Statt ihnen zuzuhören oder ihre Bücher zu lesen, habe es sich lieber den Verlockungen des »Spätkapitalismus« hingegeben und die Herrlichkeiten in der Glitzerwelt der Waren bewundert. In einem köstlichen Artikel hat Alberto Arbasino das Staunen der ersten Ostberliner beschrieben, die über die Mauer stiegen und mit ihren schrecklichen Taschen aus »sozialistischer Plaste« über den Kurfürstendamm bummelten.

Das Urteil einer wütenden Christa Wolf hat deshalb den Tonfall einer endgültigen Verurteilung derjenigen, die den richtigen Weg der Revolution verlassen haben: »Ameisenvolk..., ruchlos seine Identität verleugnend.«[28] Avantgarden, narzißtisch auf ihren privilegierten Status bedacht, entdecken immer mit Verdruß, daß in der Demokratie die Stimmen nicht gewogen, sondern gezählt werden. Deshalb schwankt der Gradmesser für ihre Zufriedenheit mit dem Volk zwischen unkritischer Begeisterung und bitterem Ressentiment. Es hängt von dem Grad ab, in dem das Volk bereit ist, sich den Vorschriften derjenigen zu fügen, die behaupten, die alleinigen Verwalter der allgemeinen Vernunft zu sein.

Die »nachholende Revolution«, wie Jürgen Habermas sie emphatisch nannte, hatte jedoch sehr schnell die Bahn verlassen, in welche die Meisterdenker sie zu lenken hofften. Statt ein Labor zu werden, aus welchem eine »andere« Gesellschaft würde hervorgehen müssen, die Gesellschaft des Weder-Noch, kurz die deutsche Version des »dritten Weges«[29], war es ein

Wettlauf zum Supermarkt geworden. Statt sich in »Meute« zu verwandeln, um mit Canetti zu reden, hatte das deutsche Volk es diesmal klugerweise vorgezogen, sich in eine »Masse« von Kunden zu verwandeln. Statt Galgen aufzustellen, hatte es sich lieber der weniger gefährlichen Tätigkeit des Konsumgenusses hingegeben, um sich auf diese Weise in der Verteidigung der westlichen »Werte« zu üben, unter Einschluß der Freiheit, nicht das Geld zu haben, um diese Güter zu erwerben.

»Die Macht der Mehrheit ... sie fliegt auf uns zu... Ja, wir sind das Volk ... Volkseigentum plus Demokratie ... das ist noch nicht probiert, noch nirgends auf der Welt. Das wird man meinen, wenn man sagt: made in GDR.«[30] Das Programm, das Volker Braun nach dem Fall der Mauer so begeistert verkündete, entpuppte sich schnell als frommer Wunsch. Auch er, wie Christa Wolf, ein Intellektueller, der sich vom Regimegegner zum verbissenen Verfechter der angeblich überlegenen »Andersartigkeit« Ostdeutschlands mit seiner nichtbürgerlichen Gesellschaft wandelte. Ganz anders sah das Wolf Biermann: »Es gibt nur zwei Minderheiten, die noch an einem sozialistischen Versuch interessiert sind: die Machthaber von gestern und ihre bevorzugten Opfer von gestern: linke Christen und radikale Linke.«[31]

Was dann geschah, ist bekannt: »das« Volk wurde »ein« Volk. Ausgedrückt in Albert Hirschmans Kategorien kamen »exit« und »voice« beim Umwandlungsprozeß jenes erstaunlichen deutschen Herbstes zusammen, der deshalb – ungeachtet der gegenteiligen Meinung vieler deutscher Intellektueller – »die Umkehr eines Verlaufs darstellt, der als charakteristisch (auf verheerende Weise charakteristisch) für die deutsche Geschichte erachtet wurde.«[32] Osteuropas 1989 war eine großartige Zweihundertjahrfeier der Französischen Revolution. Die deutsche Vereinigung war also nicht ein hundertster Geniestreich Deutschlands gegen die Geschichte, sondern höchstens die Bestätigung dessen, was Kant aus der Französischen Revolution herauszulesen glaubte: die Bestimmung der Menschheit, sich zum Besseren hin zu entwickeln. Sie war eine Art Loskauf vom zwanzigsten Jahrhundert – als seine Zeit schon abgelaufen schien –, eines Jahrhunderts, dessen bevorzugte Tätigkeit es gewesen war, sich gegen die Werte der Demokratie und der Freiheit zu erheben.

Gen Westen

»Gut deutsch sein heißt sich entdeutschen«, sagt Nietzsche. Und deshalb fährt der Philosoph in »Menschliches, Allzumenschliches« auch ganz konsequent fort: »Der also, welcher den Deutschen wohl will, mag für seinen Teil zusehen, wie er immer mehr aus dem, was deutsch ist, hinauswachse.«[33] Diese Aufforderung Nietzsches – nicht gerade Zeugnis eines grenzenlosen geistigen Pangermanismus – mußte fast siebzig Jahre warten, ehe sie in Deutschland von einem Politiker befolgt wurde. Konrad Adenauer, dem katholischen Rosen- und Italienliebhaber, gelang es, die Deutschen von ihrer Vergangenheit zu befreien und Deutschland von seiner Geographie. Mit ihm begann eine »andere deutsche Geschichte«, sie ging in umgekehrte Richtung als jene, die Bismarck 1871 begonnen hatte. Die Westpolitik versetzte Deutschland im großen und ganzen wieder in die Situation zurück, die vor der Festigung der preußischen Hegemonie bestanden hatte.

Der ehemalige Oberbürgermeister von Köln (auch heute noch sind in der »römischsten« der deutschen

Städte die Spuren seiner Tätigkeit als Bürgermeister während der zwanziger Jahre gut zu erkennen) hat das erstaunliche Werk vollbracht, Deutschland zu »verwestlichen«, indem er ein für allemal seiner fatalen Neigung zum ewigen Wandern zwischen Ost und West und der Suche nach einem deutschen »Sonderweg« ein Ende setzte. Die Konsequenzen dieses geopolitischen Revirements waren tiefgreifend: für den deutschen Geist und für die internationale Situation der Bundesrepublik, die einem neuen System von Allianzen mit den anderen westeuropäischen Staaten beitrat. »Adenauer hat den Blick Deutschlands nach Westen gewendet.« Die proatlantische Option nahm die Stelle des alten, unglücklichen deutschen Strebens ein, des »Drangs nach Osten«. Dank Adenauer, aber auch dank der grausamen Lektion der deutschen militärischen Niederlage hörte Deutschland endlich auf, zwischen Moskau und Paris zu schwanken, es entschloß sich dazu, sich Washington anzuvertrauen. Es war kein Raum mehr für ein neues Rapallo. Am 27. August 1949 schrieb Adenauer in einem Brief an Helene Wessel: »Auf außenpolitischem Gebiet liegt unsere Linie fest. Sie richtet sich in erster Linie darauf, ein enges Verhältnis zu den Nachbarstaaten der westlichen Welt, insbesondere auch zu den Vereinigten Staaten herzustellen.«[34]

Er hatte Erfolg, wo der Versuch Weimars gescheitert war: die Deutschen mit den Einrichtungen der Liberaldemokratie und mit den westlichen Werten anzufreunden. Auch ist ganz entscheidend, daß es im Gegensatz zu 1918, als ein Großteil der Bevölkerung die militärische Niederlage als Schmach empfand, fast als eine nicht verdiente Ungerechtigkeit, als einen »Dolchstoß in den Rücken«, nach 1945 ganz eindeutig war, daß die Verantwortung für die Schuld auf das ganze Volk zurückfiel. Dies und das Ausmaß der begangenen Verbrechen machten jeden Versuch einer kollektiven Selbstabsolution unmöglich. Adenauers Wirken markiert eine echte Wende: Unter seiner Führung nahm Deutschland endgültig Abschied von jener aristokratischen Konzeption, die politisch reaktionär und kulturell antiwestlich war. Thomas Manns »Betrachtungen eines Unpolitischen« stellen eine Art theoretisches Manifest dieser Konzeption dar. Nach 1949 (in diesem Jahr stimmte Deutschland dem Grundgesetz zu) verloren die alten, dem deutschen Wesen teuren Antinomien Kultur und Zivilisation, Gemeinschaft und Gesellschaft, Geist und Seele zunehmend ihre Bedeutung und verschwanden vom Kulturmarkt der breiten öffentlichen Meinung des »Deutschland im Jahre Null«. Aber sie fanden nach einem nur dem Anschein nach unerklärlichen Verlauf der Geschichte Aufnahme in den ressentimenterfüllten antiwestlichen Argumenten der Linken.

Adenauer beschränkte sich im Grunde ganz konsequent darauf, das auszudrücken, was die durch Hitlers Wahnsinnsunternehmen verursachte Niederlage den Deutschen unwiderlegbar klargemacht hatte. Eine Palinodie, die Gottfried Benn gerade passend im Jahre 1949 konzipierte, bestätigt dies. Er macht sich darin Gedanken über die in der Vergangenheit begangenen Fehler und umreißt den Charakter eines »neuen« unteutonischen Deutschland, das ganz mit dem übereinstimmt, das unter Adenauers Führung gerade entstand. Und so lauten seine *Wünsche für Deutschland*: »Neue Begriffsbestimmung für Held und Ehre. Ausmerzung jeder Person, die innerhalb der nächsten hundert Jahre Preußentum oder das Reich sagt. Geschichte als Verwaltung mittleren Beamten des gehobenen Dienstes überlassen, aber als Richtung und Prinzip einer europäischen Exekutive unterstellen. Die Kinder vom 6. bis 16. Jahr nach Wahl der Eltern in der Schweiz, in England, Frankreich, Amerika, Dänemark auf Staatskosten erziehen.«[35]

Natürlich war der radikale Bruch der deutschen Geschichte mit ihrer eigenen Vergangenheit nicht nur das Ergebnis einer tiefgreifenden Kulturrevolution. Neben den psychologischen Gründen, die mit der praktischen Auflösung Deutschlands als unabhängiger Nationalstaat zusammenhingen, dürften die durch Krieg verursachten strukturellen Veränderungen und die sich danach aus der militärischen Niederlage ergebenden Konsequenzen eine ebenso wichtige Rolle gespielt haben. Deutschland wurde Schauplatz der größten Völkerwanderung der modernen europäischen Geschichte, in deren Folge sich die demographische Zusammensetzung des Landes radikal veränderte.

Es ist bekannt, daß schon während des Krieges Millionen von Männern und Frauen in Arbeitslager nach Deutschland deportiert wurden. In der Rüstungsindustrie etwa machten die Ausländer mehr als 50 Prozent der Arbeitskräfte aus. Am Ende des Krieges verwandelten sich diese in *Displaced persons*, von denen nur eine Minorität dablieb. Dann folgte der biblische Exodus aus den ehemals ostdeutschen Gebieten: zwischen 1945 und 1950 fast zwölf Millionen Menschen; zwischen 1944 und 1989 verließen über vier Millionen Deutsche den von den Sowjets kontrollierten Teil und wechselten in den westlichen hinüber. Nach Jürgen Kocka ging »der Einschnitt vor und nach 1945 tiefer als die Einschnitte von 1933, 1918/19, 1870/71 oder 1848... Millionen von Flüchtlingen und Vertriebenen veränderten die Milieus, in die sie einströmten... Die sozialen Strukturen und Mentalitäten, durch die sich die Deutschen von den Westeuropäern unterschieden und die zum Sieg des Nationalsozialismus beigetragen hatten, überlebten die Zäsur von 1945 nicht... Mit dem Verlust der Ostgebiete und der Enteignung östlich der Elbe hörten die Großgrundbesitzer, die Junker, als Klasse auf zu bestehen. Nationalismus und Militarismus verloren ihre Kraft. Erstmals entstand in Deutschland ein wirklich funktionierender parlamentarisch-demokratischer Verfassungsstaat.«[36] Es erscheint paradox, ist es aber nicht: Der entscheidende Modernisierungsschub und die Verwestlichung Deutschlands waren eine Folgewirkung des Nationalsozialismus. Trotz der romantisch-rückwärtsgewandten Komponenten seiner Ideologie war der reaktionäre Modernismus des Dritten Reiches tatsächlich der Grund für das, was Ralf Dahrendorf einen brutalen Bruch mit der »Tradition und einen Schub zur Modernität« nannte. Eine »konservative Revolution« eben. Dazu kamen dann die Entwicklungen, die aus der Niederlage hervorgingen.

Vor mehr als dreißig Jahren, im Jahre 1963, schlossen Adenauer und de Gaulle ein Abkommen, das die geopolitischen Koordinaten auf dem Kontinent umkehren sollte. Drei schreckliche Kriege, 1870/71, 1914–1918 und 1939–1945 hatten Europa ausgeblutet. Und sie waren ihrem Wesen nach französisch-deutsche Kriege gewesen. Die Erbfeindschaft seit den Napoleonischen Kriegen war zu einer Art geistiger Konstante geworden, zu einem »Vaterland der Feinde« (Michael Jeismann), zu dem sich ganze Generationen diesseits und jenseits des Rheins entwickelt hatten. Nach dem Ende der preußischen Belagerung von Paris, 1871, ließ Victor Hugo einen großherzigen Aufruf verbreiten: »Meine Revanche heißt Verbrüderung. Nieder die Grenzen! Der Rhein gehört allen. Es leben die Vereinigten Staaten von Europa.«

Der Aufruf mußte noch fast hundert Jahre warten,

ehe man ihm endlich nachkam. Und daß es geschah, ist das Verdienst Adenauers, eines Anrainers, wie es übrigens auch De Gasperi und Schuman waren, die beiden anderen Gründungsväter des modernen demokratischen Europa. In ihrer politischen Vision standen die Werte des Kosmopolitismus nicht im Gegensatz zur Wahrung nationaler Interessen, während sie tiefe Abneigung gegen jedwede nationalistische Ideologie zeigten. Von einer Trennlinie wandelte der Rhein sich zu einem Scharnier, zu einer Drehscheibe Westeuropas, zum Mittelpunkt eines Systems von sozialen Beziehungen und produktiven Prozessen. »Rheinischen Kapitalismus« nannte der französische Ökonom Michel Albert das Modell, das alle Eigenschaften und Möglichkeiten hat, um eine Alternative zum amerikanischen und japanischen Kapitalismus darzustellen.

Adenauer hat die Möglichkeit einer Wiedervereinigung Deutschlands niemals ernsthaft in Erwägung gezogen. Er wußte, daß dieses Unternehmen fatale Konsequenzen für sein Land und für das Gleichgewicht in Europa haben würde. Die Sowjetunion von damals befand sich noch nicht auf dem Wege der Auflösung und war nicht mit Gorbatschow zu jeglichem Zugeständnis bereit, nur um zu retten, was noch zu retten war. Moskau hätte sein Placet zur Wiedervereinigung nur im Tausch gegen die komplette Entmilitarisierung Deutschlands und seine totale Neutralisierung gegeben. Bestätigt wurde dies übrigens durch die berühmte vertrauliche Note, die Stalin der deutschen Regierung zuleitete und die Adenauer nicht einmal zu veröffentlichen für opportun hielt. Wenn ein derartiger Vorschlag angenommen worden wäre, dann wäre Deutschland unweigerlich wieder ein Opfer seiner mitteleuropäischen Obsessionen und gleichzeitig eine Geisel der Politik des Kreml geworden. »Die Gefahr ist groß« – Adenauers Brief stammt vom März 1946 –, »Asien steht an der Elbe. Nur ein wirtschaftlich und geistig gesundes Westeuropa unter der Führung Englands und Frankreichs, ein Westeuropa, zu dem als wesentlicher Bestandteil der nicht von Rußland besetzte Teil Deutschlands gehört, kann das weitere geistige und machtmäßige Vordringen Asiens aufhalten.«[37]

Die Teilung Deutschlands war also zur Voraussetzung geworden für die politisch-geistige Verwestlichung der Gebiete diesseits der Elbe, zu einer Art vorbeugender Versicherung gegen die Wiedergeburt der Gespenster der Vergangenheit. Auf diese Weise befreite Adenauer die Deutschen von der Verantwortung, Deutsche zu sein. Er entließ sie aus der Geschichte, indem er sie in friedliebende Bürger verwandelte, die allein ihren materiellen Interessen nachgehen. Die von Werner Sombart verherrlichten Helden wurden zu Händlern. Dies erlaubte Europa und in erster Linie Frankreich, friedlich mit Deutschland zusammenzuleben. »Mehr als ein halbes Jahrhundert lang hat Deutschland über seine Verhältnisse gelebt. Um Verzeihung zu erlangen, muß es jetzt wenigstens ein halbes Jahrhundert lang darunter leben« – das war eine der Leitideen für Adenauers Handeln.

Mit einem der Treppenwitze, wie sie die Geschichte oft macht, verwandelte die Wiedervereinigung die alte Bundesrepublik, das Adenauer so teure »geteilte« Deutschland, geradezu in ein Kultobjekt für die Nostalgie der antinationalistischen Linken. Die Linke hatte die bürgerliche Republik in Bonn immer als Reich der Konservierung beschrieben, in dem das kulturelle Enzephalogramm keine Ausschläge mehr zeigte. Und ausgerechnet auf diese Erfahrung berief sich nun Habermas, um seine Gegnerschaft gegen die Vereinigung und seine postnationale Idee des »Verfassungspatriotismus« zu begründen. »Und die Verfechter eines bundesrepublikanischen Verfassungspatriotismus mußten ohnehin alles daransetzen, die Identifikation mit der 1949 entstandenen Staatsbürgernation in ihrem normativen Eigenwert zu betonen, um sie vor der Wertschätzung vorpolitischer Gegebenheiten, sei es des Volkes als historischer Schicksalsgemeinschaft, der Nation als Sprach- und Kulturgemeinschaft oder eben des Sozial- und Wirtschaftssystems als einer Leistungsgemeinschaft abzusetzen.«[38] Der künstliche Charakter der nichtnationalen Nation, der für die Bundesrepublik bis zum Tag, an dem die Mauer fiel, typisch war, stellt also für den Frankfurter Philosophen den »spezifischen Wert« jener Erfahrung dar. Wie seltsam!

Natürlich weiß Habermas sehr wohl, daß der arme Adenauer dafür, daß er die Tatsache der Teilung des Landes akzeptierte (genau dies schien dem Theoretiker der »Lebenswelten und der herrschaftsfreien Kommunikation« und seinen Anhängern besonders am Herzen zu liegen), Gegenstand wütender Polemik von seiten der von Schumacher geführten Sozialdemokratie und ganz allgemein der gesamten Linken war. Man ging so weit, ihn zu beschuldigen, der Kanzler der Alliierten zu sein und Deutschland an die westlichen Monopolkapitalisten ausverkauft zu haben.

In Wirklichkeit war der alte katholische Politiker, der die Tragödie von Weimar erlebt hatte, die Irrtümer des Zentrums und den Horror der Nazizeit, der sich in Cadenabbia oder Köln zu Hause fühlte, während er für Berlin eine Mischung aus Furcht und Angst empfand, alles andere als ein Gegner der nationalen Einheit Deutschlands. Er war als guter Realpolitiker gezwungen, es zu werden, um dem damals in der Welt bestehenden Gleichgewicht Rechnung zu tragen und – innerhalb dieser Konstellation – den höheren Interessen seines Landes. »Ein wiedervereinigtes, neutrales Deutschland« – schrieb Fritz Stern – »das war und ist immer wieder der Traum mancher Deutscher und der Alptraum der Nachbarn Deutschlands.«[39] Und das wußte Adenauer sehr gut. Aber im Jahre 1989 hätte er, weil die Situation nicht mehr dieselbe war wie in den fünfziger Jahren, anders gedacht und anders gehandelt als die Linke. Genauso wie er es vierzig Jahre früher auch getan hatte. Er wäre mit Sicherheit für die Wiedervereinigung gewesen, genau wie Willy Brandt. Dann aber müssen wir uns fragen: War Willy Brandt ein Linker?

Ein »sozialer« Patriot

Der geistige Vater des neuen »großen, aber demokratischen« Deutschland ist Willy Brandt. Er ist sein wahrer Stammvater, wie Konrad Adenauer der Gründervater der bürgerlichen, friedlichen Bonner Republik war. Als Regierender Bürgermeister von Berlin hatte er ohnmächtig zusehen müssen, wie die Mauer gebaut wurde, Ulbrichts »antifaschistischer Schutzwall«, der die Endgültigkeit der deutschen Teilung sanktionieren sollte. In jenen Tagen erlebte Deutschland, wie allein gelassen es in der Welt war. Dem sowjetischen Stärkebeweis setzten die Amerikaner und der Westen – aber gab es denn überhaupt eine vernünftige Alternative? – nur eine einfache Verbalnote als Protest entgegen.

Brandt war der Nobelpreisträger, der die innere Größe hatte, vor der Schuld der deutschen Vergangenheit, in der er selbst ein Verfolgter gewesen war, niederzuknien. Er war der Geächtete in jenem reaktionären Junker-Deutschland, dem er sich niemals zugehörig gefühlt hatte; er war der Exilant, der seinem Volk Ehre und Ansehen zurückgab und es aussöhnte mit der öffentlichen Meinung Europas, für die er deswegen zum Symbol »eines anderen Deutschen« wurde. Seine untadelige Geradlinigkeit, seine entschiedene Gegnerschaft zum Naziregime und die unversöhnliche Opposition gegenüber den herrschenden Klassen, denen er den Verrat der deutschen Interessen zum Vorwurf machte, erlaubten ihm, keine Schuldgefühle zu haben, weil er ein Deutscher war. Nur wenigen politischen Kommentatoren scheint bewußt zu sein, daß dieser Mann einen entscheidenden Beitrag leistete zur Vereinigung dessen, was Geschichte und Geopolitik getrennt hatten. In der Tat, dies war eines der Grundziele seines Handelns: die Wiedergewinnung der deutschen Einheit.

»Es wächst zusammen, was zusammengehört.« Diese Worte Brandts, gesprochen am Brandenburger Tor, in der (kurzen) Nacht allgemeiner Freude nach dem Fall der Mauer, geben das bewegende und dankbare Glücksgefühl eines Mannes wieder, der endlich einen Traum erfüllt sieht. In diesem Augenblick löste er ein Versprechen ein, das er am finstersten Tag der deutschen Nachkriegszeit, als sogar die Hoffnung ihren Sinn verloren zu haben schien, den Berlinern und allen Bürgern seines Landes gegeben hatte. Darin hatte es geheißen, daß ein Tag »kommen wird, der wieder zusammenwachsen läßt, was zusammengehört.« Diesem Versprechen blieb er immer treu, er versuchte, es einzulösen und gleichzeitig auf die harte und hartnäckige Realität Rücksicht zu nehmen, wie es einem Politiker von Rang geziemt.

Der Begriff »Patriot« ist dem europäischen Bewußtsein äußerst suspekt, sobald er für einen deutschen Politiker verwendet wird. Deshalb mag es paradox klingen, aber Willy Brandt war ein Patriot, ein »sozialer« Patriot.

Für ihn, einen überzeugten Demokraten, blieb der Begriff Nation immer ein positiver Wert, in bewußter Gegenüberstellung zur demagogischen Instrumentalisierung in der Vergangenheit. Und das haben seine Enkel in der Linken – die Lafontaine und Grass, die mit der lässigen Geste eines bindungslosen Kosmopolitismus[40] behaupteten, sich in Mailand oder Barcelona eher zu Hause zu fühlen als in Leipzig oder Dresden – nie begriffen, was die giftigen Polemiken, die die letzten Jahre Brandts begleiteten, bestätigen. Und sie haben es ihm auch nie verziehen. Seltsam in der Tat: Das große Erdbeben der deutschen Einigung hat alle gewohnten ethisch-politischen Koordinaten gesprengt und auf der Landkarte der Urteile und Meinungen eine unerwartet neue Anordnung vorgenommen. So hat die Linke in Deutschland und Europa oder wenigstens ein großer Teil von ihr plötzlich geistige Übereinstimmung oder politische Sympathie für das Werk des Konservativen Adenauer entdeckt, während sie Brandt gegenüber Ressentiment und Enttäuschung zeigte.

Antje Vollmer, eine Repräsentantin jener ökologischen und pazifistischen Kultur, die in Brandt ihren entscheidenden politischen Bezugspunkt zu haben glaubte, nahm als eine der ersten zur Kenntnis, daß die Idylle vorbei war, und brachte den unheilbaren Bruch auf den Begriff. In einem Artikel mit dem Titel »Der Krieg der Generationen ist neu eröffnet« stellt die Vertreterin der Grünen zwei Generationen einander gegenüber, die Dädalus-Generation und die »andere Generation«. Zur Dädalus-Generation zählt sie unter anderen Adenauer, Schmidt, Genscher, Augstein und Kohl, also die Generation, die geprägt ist »von der Trauer oder der Scham über die Niederlage ... die Wiedererlangung eines bedeutsamen Platzes einer deutschen Demokratie innerhalb der Völkergemeinschaft war ihr politisches Ziel.«[41]

Die andere Generation ist jene, die schon ab 1933 begonnen hatte, eine andere Vorstellung von Politik zu haben, und die im Gegensatz zur ersten, die sich aus traditionellen Machtpolitikern zusammensetzt, »viel mehr von der Niederlage des antifaschistischen Widerstands als von der Nation berührt (ist)«. Diese Generation »versteht sich bewußt europäisch, menschenrechtsorientiert, vaterlandslos, emanzipatorisch und pazifistisch. Zu dieser Tradition zählen sich die Ostermarschbewegung wie die 68er Generation, die Neuen Sozialen Bewegungen wie die Frankfurter Schule, Günter Grass wie Alice Schwarzer.« Aber da solche Einordnungen »immer auch fließend sind«, schließt sie, »können sie sich in ein und derselben Person brechen, Willy Brandt zum Beispiel hätte ich bisher immer eher der zweiten Gruppe zugerechnet, bin mir dessen aber jetzt nicht mehr so sicher«. Brandts Entscheidung, sich für die Vereinigung des Landes auszusprechen, was in offenem Widerspruch zu den jüngeren Mitgliedern der SPD geschah, wurde von vielen seiner früheren Anhänger nicht verstanden. Sie empfanden es geradezu als Verrat, ein verhängnisvoller Begriff, den Linken bei ihren ideologischen Scharmützeln lieb und teuer. Als sich die SPD entschloß, mit der CDU/CSU »um die Palme der ersten gesamtdeutschen Partei zu streiten« – diesmal ist es Jürgen Habermas, der gegen Brandt polemisiert – »und die nationalen Emotionen auf ihre Mühle zu leiten, hat sie nicht nur ihre besseren Traditionen verraten, sie hat auch jene Nebelwand errichten helfen, hinter der die Alternative zur Deutschlandpolitik der Bundesregierung verschwunden ist«.[42]

Wie konnte es zu einem Mißverständnis von solchen Ausmaßen kommen, und wie konnte Brandt selbst ähnlich falsch gedeutet werden? Hatte der ehemalige Zögling Ollenhauers und Erlers, der zur Wende von Bad Godesberg entscheidend beigetragen hatte, der erste sozialdemokratische Kanzler seit 1930, hatte er sich selbst und seine Ideale verraten? Bewahrte sein Handeln nicht immer einen Grundzusammenhang? Und waren es im Gegenteil nicht die Enkel, die ihn verrieten, die Toskana-Fraktion mit ihrer Neigung zur Selbstsucht und zum Hedonismus? Um diese Frage zu klären, helfen uns zwei ungewöhnliche Zeugen: Brandts Sohn Peter, Historiker von Beruf, und seine Ehefrau Brigitte, auch sie Spezialistin für die Geschichte der Sozialdemokratie.

Alles hängt davon ab, wie man die Ostpolitik einschätzt und welche Bedeutung man dem Entspannungsprozeß gegenüber Osteuropa gibt, dessen Schöpfer in erster Linie Brandt gewesen war.

Aber vielleicht muß man einen Schritt zurückgehen. Der Mauerbau, bei dem sich die Alliierten auf den rein formalen Ausdruck ihrer Solidarität gegenüber Berlin und Westdeutschland beschränkt hatten (Kennedys Ausruf »Ich bin ein Berliner« ging um die Welt), und der parallellaufende Beginn des Entspannungsprozesses zwischen den beiden Supermächten machte Brandt deutlich, daß eine Epoche zu Ende war, die Epoche des passiven Atlantizismus von Adenauer. Die Bundesrepublik blieb zwar den westlichen Allianzen treu und verzichtete darauf, der Verführung zum Neutralismus nachzugeben, mußte aber dennoch einen eigenen Weg finden und dazu zurückkehren, aktive Politik zu machen, mußte wieder zum Subjekt der internationalen Politik werden. Die Entscheidung, Frieden mit dem Osten zu schließen, war für Brandt nicht nur eine moralisch gebotene Tat, eine Geste der Wiedergutmachung, sondern auch eine politische Entscheidung, ein Instrument zur Verwirklichung eines strategischen Plans. Er ahnte, und sei es auch nur vage, daß es nötig war, »die Nation zusammenzuhalten und mit der Teilung leben zu lernen... Die Existenz zweier deutscher Staaten auf dem deutschen Boden galt als Faktum, mit dem man sich zu arrangieren haben würde, nicht als der Geschichte letztes Wort und auch nicht als deren Strafe.«[43]

Der Ostpolitik lag also ein objektiver Widerspruch zugrunde. Im Unterschied zu Herbert Wehner, dem anderen Gründungsvater der Bad Godesberger Wende, dachte Brandt die Ostpolitik niemals als antiwestliche Politik. »Im Gegensatz zu Brandt« – so eine kürzlich veröffentlichte Note des KGB – »glaubte Wehner, daß die Sozialdemokratie keine bedingungslose Unterstützung der amerikanischen Außenpolitik akzeptieren dürfe.« Und diese Doppeldeutigkeit der Ostpolitik, die sie bis zu ihrem Ende begleitete, erklärt die gegensätzlichen Schlußfolgerungen, die die deutsche und europäische Linke aus ihr zog.

So war zum Beispiel die Anerkennung der Existenz der DDR als kommunistisches staatliches Gebilde in der SPD und in der gesamten Linken ganz allgemein Gegenstand abweichender Lesarten und gegensätzlicher Interpretationen. Für die einen bedeutete sie einen Weg, den Eisernen Vorhang durchlässiger zu machen und vor allem die innerdeutsche Grenze immer mehr zu öffnen, für die anderen die endgültige Anerkennung, die unumkehrbare Realität der deutschen »Doppelstaatlichkeit«. Nach Peter Brandt drückte der Kandidat Oskar Lafontaine »eine andere Art von ›Bundesrepublikanisierung‹ der SPD aus, als die Initiatoren des Kurswechsels von 1960 im Auge gehabt und durchgesetzt hatten. Diejenigen Sozialdemokraten, die in den sechziger und siebziger Jahren, teilweise über die Jusos, politisch sozialisiert worden waren, identifizierten sich nicht mehr emphatisch, wenn überhaupt, mit der Bundesrepublik als Staat, aber ihr innen- und außenpolitischer Erfahrungshorizont war ... ein westdeutscher. Mangelndes Interesse für die Verhältnisse im Osten, ein Gefühl der Fremdheit, waren für die meisten von ihnen bestimmend.«[44]

Natürlich erwies sich – es empfiehlt sich, daran zu erinnern – diese erklärt prowestliche Option, die weit verbreitet war in der Generation derer, die mit der Politik von 1968 und danach aufwuchsen, in der Wirklichkeit, wenn man sie näher analysierte, als sehr problematisch, wenn nicht geradezu als instrumental. Man genoß den Wohlstand und den Pluralismus der Lebensstile des Westens, aber akzeptierte damit noch nicht notwendigerweise seine Werte, wie dies später der Golfkrieg, das andere Schockerlebnis für die Identität der Linken, bestätigte. Opposition gegen die Wiedervereinigung und voreingenommene Feindseligkeit gegenüber dem »amerikanischen Imperialismus« wurden praktisch Synonyme im Schmelztiegel des Bewußtseins der deutschen Linken in den Jahren 1989 und 1990.

Nach der scharfen, aber völlig legitimen Kritik Karl Heinz Bohrers wurde für einen großen Teil der SPD und der Linken »das Akzeptieren der DDR zum Lackmustest einer anständigen politischen Gesinnung, ja Intelligenz stilisiert. Mehr noch, es wurde zu einer Frage der intellektuellen Karriere, nicht nur in den Medien, sondern auch in der Wissenschaft und in den freien Berufen, bei Schriftstellern und bei Künstlern, und der konformistische Druck dieses Kartells ließ keine Nuance an differenzierter Ablehnung der DDR zu.«[45] Das offenbart nicht nur ein in weiten Bereichen der öffentlichen progressiven deutschen Meinung besorgniserregendes Defizit an liberaler Kultur – »liberal im Sinne der radikal freisinnigen Tradition« –, es erklärt vielleicht auch die sonst unverständliche Blindheit der westlichen Kritiker und Journalisten, denen auch nicht im entferntesten die katastrophalen Ausmaße des sozialen und wirtschaftlichen Desasters (vom ökologischen gar nicht zu reden) bewußt zu sein schienen, das der »deutsche Sozialismus« als Erbe zurücklassen würde. Verblendet von der Ideologie und vom Gefühl der Pflicht jenem Deutschland gegenüber, das sie irrtümlich für das »andere« hielten, verwandelten sie sich tatsächlich in Propagandisten für den »realen Kommunismus«.

Was in Brandts Plan von Anfang an als Prozeß des Wandels durch Annäherung gedacht war, als eine Möglichkeit, die versteinerten Gesellschaften Osteuropas in Bewegung zu setzen, formte sich auf diese Weise in eine bedingungslose Kapitulation um. Bei der Rechtfertigung des Status quo hatte die SPD »den Primat des Friedens allzu rigoros mit dem Primat der Stabilität in Europa gleichgesetzt und den Eindruck aufkommen lassen, die Zusammenarbeit mit den Regierenden habe absoluten Vorrang vor anderen Erwägungen, insbesondere vor Kontakten mit nahestehenden Gruppierungen außerhalb der Staatspartei des Ostens«.[46]

Selbstverständlich war dies weder politisch noch moralisch Brandts Absicht. Diese wurde vielmehr von einem Konservativen vom Rang des Historikers Andreas Hillgruber sofort in ihrem deutsch-nationalen Sinn intuitiv erfaßt. »Mit der Ostpolitik« – so sein Kommentar – »bewegte sich das Nationale wieder nach links.«[47]

Das also ist die Erklärung für das Mißverständnis und der Grund für die kontroverse Beziehung zwischen Brandt und einem Teil der bundesrepublikanischen (und auch europäischen) Linken und letzten

Endes auch für die unterschiedlichen Schlußfolgerungen, die man aus dem Mauerfall ableitete. Und zugleich ein Beweis für die unpolitische Haltung einer ganzen Generation. Wie man schrieb, »versagte sie in jenem Augenblick, der zur Epoche wurde«.[48]

Eine letzte Überlegung noch. Brandts Größe und Bedeutung geht über das Verdienst seiner einzelnen Entscheidungen hinaus und ist begründet in seiner durch und durch liberalen und bewußt undeutschen politischen Haltung. Brandt brach mit der traditionell verhängnisvollen Unsicherheit, die für das politische Bewußtsein der Linken typisch ist, das ewig schwankt zwischen der Flucht in die Ideologie (und in den Moralismus) und einem krassen Materialismus, der sich mit der bloßen Verwaltung des Bestehenden begnügt. Deshalb gelang es ihm, die beiden Qualitäten in sich zu vereinen, die nach Max Weber den großen Führer ausmachen: Das realistische Bewußtsein, daß *kratos*, Stärke und Macht, die notwendigen Komponenten des politischen Handelns sind und zugleich das idealistische Offensein für die ethische Dimension, ohne welche die Politik zu blindem Agieren verkommt, zu reiner Machtausübung. »Der bloße ›Machtpolitiker‹, wie ihn ein auch bei uns eifrig betriebener Kult zu verklären sucht, mag stark wirken, aber wirkt in der Tat ins Leere und Sinnlose.«[49]

Die besondere Sensibilität für die Ansichten der Minderheiten und der Andersdenkenden, die aus seiner persönlichen Erfahrung als Flüchtling herrührte; die Vorstellung, daß Politik von Werten geleitet wird, aber auch von Interessen; das sichere Bewußtsein, daß der Politiker nicht handeln kann, ohne geleitet zu sein von einer Grundüberzeugung, von Liebe zu seinem Land und Treue zu den westlichen Werten; das stillschweigende, aber hartnäckige Festhalten, so typisch hanseatisch, an individueller Freiheit (zusammen mit einem Gefühl herzlicher Verbundenheit mit Frankreich) – wenn Deutschland heute ein anderes Land ist, dann verdankt es das wirklich in großem Maße ihm, Willy Brandt.

Überraschende Wahlverwandtschaften

Vertrauen ist gut, Kontrolle ist besser. Die Amerikaner haben die Lektion offensichtlich gelernt: Nachdem sie nicht weniger als zweimal in diesem Jahrhundert gezwungen waren, militärisch in Europa zu intervenieren, sind sie auf der Hut. Deshalb halten sie Deutschland mit der systematischen und periodischen Überwachung seines geistesgeschichtlichen Zustandes unter Beobachtung. Eines dieser Beobachtungszentren ist das American Institute for Contemporary German Studies der Johns Hopkins University. Im Sommer 1988 hielt man dort eine Konferenz ab, die sich mit dem Thema »The Contemporary German Mind« beschäftigte, was auf einen *Check-up* des *animus teutonicus* hinauslief.

Natürlich hegte keiner der Teilnehmer auch nur den leisesten Verdacht, daß, von niemandem bemerkt, schon der Countdown zur Wende und zur Vereinigung Deutschlands eingeleitet war. Damals schien die Teilung Deutschlands ein Faktum zu sein, das man nicht zu diskutieren brauchte, eine Realität, die gesichert schien wie die vollzogene, nicht mehr rückgängig zu machende Verwestlichung der Bundesrepublik – und dies war denn auch das wichtigste Ergebnis, zu dem jene Konferenz gelangte. Aus der Diskussion ergab sich, daß diese Umwandlung eingetreten war als Folge zweier »Katastrophen«, die die Chromosomen der politischen und kulturellen Identität Deutschlands von Grund auf verändert hatten:

die erste war die Katastrophe des Nationalsozialismus, die zweite die antiautoritäre Revolte der Achtundsechziger; zuerst hatte der antisemitische Rassismus und später die revolutionäre Ideologie der Studenten von Berlin und Frankfurt die Koordinaten der deutschen Denk- und Seinsweise buchstäblich aus den Angeln gehoben.

Die Folgen der Emigration nach Amerika waren das Thema des Beitrages gewesen, den Wolf Lepenies auf jener Konferenz vorlegte: »Die Emigration der durch die Nazis aus Deutschland vertriebenen Wissenschaftler und Schriftsteller nach Amerika hat die größte Verwandlung der Geschichte der Geisteswissenschaften herbeigeführt, die je stattfand.« Es war eine richtige kulturelle Osmose, von Küste zu Küste. Das deutsche Judentum, Hüter der tiefgründigsten Errungenschaften des europäischen Geistes, und der angelsächsische Pragmatismus schlossen sich kurz, was bedeutsame Konsequenzen für die deutsche Identität hatte. Im Gefolge der alliierten Truppen brachten die Emigranten Ideen und Werte mit, die typisch waren für die westliche Kultur und die angelsächsische Mentalität, und machten sie heimisch im Deutschland der Nachkriegszeit. An den Universitäten fanden Fächer wie Politologie und Soziologie endlich Aufnahme, die vorher, wenn auch nicht gerade unbekannt, so doch kaum anerkannt waren.

Darüber hinaus adoptierte Westdeutschland auf Wunsch der Alliierten und besonders der Amerikaner ein politisches System, das auf dem Föderalismus basierte. Das bedeutete die Ablösung der alten preußischen Tradition des autoritären Zentralismus, der das eigentliche Hindernis auf dem Wege zur Demokratisierung der deutschen Gesellschaft gewesen war und einer der Hauptgründe für das Scheitern der Weimarer Republik. Eine radikale Unterbrechung der Kontinuität also. Fritz Stern schrieb: »Die junge Elite verschrieb sich der Amerika- und Westorientierung. Diese Generation von Deutschen wandte dem alten deutschen Traum, daß Deutschland etwas anderes darstellen sollte als den westlichen, seelenlosen Kapitalismus oder den östlichen, jugendlichen Barbarismus, den Rücken zu. Der Traum war unter Hitler schließlich verwirklicht worden – als gigantischer Alptraum.«[50] Kurz, um mit Habermas zu sprechen (auch er nahm an jener Konferenz teil), »die Mandarine wurden in Pension geschickt«, und die deutsche Kultur hörte endlich auf, sich für die alleinige Hüterin der Weltwahrheit zu halten. So wurde deutlich, »daß die deutsche Kultur keinen privilegierten Zugang zur Wahrheit darstellt, und wir haben der ideologischen Unterscheidung zwischen Kultur und Zivilisation, zwischen Gemeinschaft und Gesellschaft eine Absage erteilt«. Endlich blätterte man eine Seite um.

Später dann, mehr als zwei Jahrzehnte nach Kriegsende, brach die Studentenrevolte der Achtundsechziger aus. Sie gab der Degermanisierung des deutschen Geistes – heute versteht man das besser – einen weiteren kräftigen Schub, das heißt, sie trug bei zur völligen Anerkennung des *American way of life* in der deutschen Kultur und im deutschen Lebensstil, auch wenn ihr Programm dies nicht eigentlich beabsichtigte.

Die Studentenrevolte bedeutete das Ende einer entsetzlich kleinbürgerlichen Gesellschaft, der Welt Maria Brauns in Faßbinders Film. Auch wenn es dieser Gesellschaft in der Nachkriegszeit gelungen war, sich aus den Ruinen zu erheben und ein unglaubliches Wirtschaftswunder zu vollbringen, so war sie dennoch bei einer wichtigeren Aufgabe gescheitert: Sie war unfähig gewesen, die Trauer über die kollektive Katastrophe und die Verbrechen des Holocaust zu verarbeiten. »Die Wiederaneignung und Fortsetzung humanistischer Tradition, einschließlich der kritischen Einsichten von Marx, Nietzsche und Freud«, stellt »die wichtigste intellektuelle Leistung der Nachkriegszeit in Deutschland« dar. Dies hält Jürgen Habermas in seiner Diagnose für die fundamentale kulturelle Modernisierung, die durch den revolutionären Radikalismus von Rudi Dutschke und anderen ausgelöst wurde. Abgesehen von oder richtiger trotz ihrer ideologischen Verworrenheit hat die Studentenbewegung in Deutschland, wie überall in Europa, ein kritisches Potential verbreitet, das die Entstehung eines »Pluriversum« kollektiver Erfahrungen, die sich auf die Autonomie des Subjekts stützten, begünstigt, und zur Bildung einer mündigen, demokratischen öffentlichen Meinung beigetragen.

Gerade deshalb fällt im Falle Deutschlands, mehr als in jedem anderen europäischen Land, der offenkundige Widerspruch auf, der dieser Studentenbewegung innewohnt. Sie brachte eine demokratische Modernisierung (unfreiwillig, wie wir sahen) im selben Maße, wie ihre revolutionären Absichten scheiterten. Ausgedrückt in der Terminologie einer anderen Zeit: »objektiv« hatte sie Erfolg, »subjektiv« scheiterte sie. Ein bemerkenswertes Paradox: Eine Bewegung, die ihren Ausgang nahm vom antikapitalistischen Romantizismus Herbert Marcuses und von der »Dialektik der Aufklärung«, bewirkte am Ende eine Demokratisierung und Modernisierung. Der deutsche Achtundsechziger machte eine Fahrt, die sich mit denen des Columbus vergleichen läßt: Auf der Suche nach dem Osten stieß er auf den Westen. Er träumte von den chinesischen Kommunen und vielleicht auch davon, »es wie in Rußland zu machen«. Er entdeckte aufs neue den kritischen Marxismus von Korsch und den des jungen Lukács und später – leider – auch den Maos und Stalins, um dann zu guter Letzt trotzdem mitzuhelfen bei der radikalen Liberalisierung der Gewohnheiten und der Verwestlichung der Kultur. Letzten Endes war Bob Dylan stärker als Karl Marx.

So betrachtet läßt sich sagen: In Deutschland kamen die Achtundsechziger an die Macht. Und dies nicht nur deshalb, weil es Brandt gelang, getragen von der Achtundsechziger-Bewegung, die Wahlen von 1972 zu gewinnen und Kanzler zu werden, indem er versprach, »mehr Demokratie zu wagen« und »über die Fabriken an der Ruhr wieder blauen Himmel zu bringen«, wodurch er das neue ökologische Bewußtsein für die Politik nutzte. In Wirklichkeit hat der Wechsel, der sich in der deutschen Gesellschaft seit dem Ende der sechziger Jahre vollzog, auf existentieller Ebene eine umwälzendere Wirkung gehabt als in den anderen europäischen Ländern; diese Erfahrungen kamen zu den traumatischen Erlebnissen der vierziger und fünfziger Jahre noch hinzu. Sie drangen in die emotionalen und psychologischen Beziehungen der privaten Sphäre ein: In Deutschland »wurde das Private politisiert«, und nicht nur mit Worten. All dies veränderte den Wortschatz des täglichen Umgangs miteinander und seine wichtigsten geistigen Werte. Den Studenten von Berlin und Frankfurt ist es zu verdanken, daß Begriffe wie Kindergarten und Antiautoritarismus den gleichen internationalen Bekanntheitsgrad erlangten wie die militärischen Begriffe Panzer und Blitzkrieg. »So ist heute die Bundesrepublik unter allen europäischen Staaten die am wenigsten preußische« (Alain Minc).[51]

In Deutschland führte die Achtundsechziger-Bewegung zu einer Feminisierung der persönlichen Beziehungen, sehr viel mehr als dies in Italien und

Frankreich der Fall war, wo wegen der starken Präsenz der kommunistischen Ideologie die politische und politisierende Komponente von jeher dominierte und die Erfahrungen der Achtundsechziger als Sektenstreit mit eigenem Jargon erschienen. In der Terminologie der Soziologen war es ein Sieg der Lebenswelten über die strategische Logik des Systems. Sicherlich ein großer Fortschritt. Man denke an die Auswirkungen, die eine alternative und antiautoritäre Erziehung, die auf dem Dialog und auf der Idee der Eigenverantwortung basierte, für die Persönlichkeitsbildung hatte. Und man sollte nicht vergessen: Dies geschah in einem Land wie Deutschland, in dem die autoritären Werte Ordnung und Disziplin, so bedeutsam in der lutherisch-pietistischen Tradition, seit je den harten Kern gebildet hatten, um den herum sich die Identität des Individuums entwickelte. Natürlich bedeutete diese »Befreiung«, die praktisch die psychologischen Merkmale und die geistige Physionomie der Deutschen veränderte, nicht nur eitel Sonnenschein. Sie brachte auch negative Wirkungen hervor, auf die wir später noch eingehen werden.

Was wir als Auswirkungen einer von den Achtundsechzigern unbeabsichtigten oder einer Modernisierung wider Willen definiert haben, hilft uns außerdem, endlich die Gründe für jene sonst ganz unverständliche Haltung zu verstehen, die große Teile der westdeutschen Linken gegenüber der Aussicht auf Vereinigung einnahmen. Und auch, um einen der wahrscheinlichen Gründe zu finden, die es für viele deutsche Intellektuelle so mühsam und in einigen Fällen geradezu schmerzhaft macht, sich mit der jüngsten Geschichte ihres Landes abzufinden. Wie sonst soll man sich das Nebeneinander zweier Positionen erklären, von denen die eine mit harter Kritik, in einigen Fällen gar mit offener Verachtung sich gegen das Werk des »Reaktionärs« Adenauer stellt, die andere mit wütendem Eifer Westdeutschland und seine Verwestlichung gegen die Gefahr verteidigt, aufs neue eine Beute der düsteren Vergangenheit zu werden, so als könne man sich bei der Berührung mit dem rückständigen und protestantischen Osten anstecken? (Dieses Verhalten enthüllt außerdem eine Art schlechtes Gewissen oder wenigstens das Bewußtsein einer zweifelhaften Beziehung zu den westlichen Werten.) Ernst Nolte stellt mit kaum verhohlener Ironie den positiven Effekt heraus, den die Vereinigungsgegner für die Vereinigung hatten: »Sogar diejenigen, die nachdrücklich für die Zweistaatlichkeit eintraten, haben vermutlich, wenngleich gegen ihren Willen, einen wesentlichen Beitrag zur Wiedervereinigung geleistet, indem sie es den Verbündeten leichter machten, für das Prinzip der Selbstbestimmung einzutreten, da dessen Realisierung in Deutschland für die Gegenwart nicht erwartet zu werden brauchte. Die Frage ist freilich, ob die Zweistaatlichkeit nicht weiterhin bestehen geblieben wäre, wenn sie allein das Sagen gehabt hätten.«[52] Es hätte jedoch genügt, zurückzugehen und außerhalb der jetzt veralteten Interpretationsparadigmata vernünftig miteinander zu reden, die nutzlosen ideologischen Gegenpositionen aufzugeben und erneut ruhig über die Vergangenheit zu diskutieren, zum Beispiel über die Jahre der Adenauer-Ära. Dann hätte man sich vielleicht das eingestehen können, was einer der offeneren Vertreter der Achtundsechziger tatsächlich getan hat, ohne die Verdienste, die sie bei der Beschleunigung des Demokratisierungsprozesses gehabt hat, irgendwie schmälern zu wollen: »Doch das geschah nicht gegen die Prinzipien dieses Staates, sondern auf deren Grundlage. Die kritische Intelligenz hat diese Demokratie nicht geschaffen, sie hat sie nur zu nutzen gewußt (und sie damit zugleich gefestigt).«[53] Es hätte keinen »langen Marsch durch die Institutionen« gegeben, wenn es nicht möglich gewesen wäre, die bestehenden politischen Freiräume zu nutzen oder die Spielregeln des liberal-demokratischen Systems anzuwenden, das doch unter Adenauers Führerschaft gewachsen war.

Auch in Deutschland war also die Nachkriegszeit – anders, als eine tendenziös gefärbte Geschichtsschreibung lange behauptet hat – nicht Schauplatz einer gnostischen Gegenüberstellung von Licht und Schatten, von der Finsternis, die ein dumpfer Konservatismus verbreitete, und dem heldenhaften Kampf der erleuchteten Avantgarde.

Halten wir fürs erste ein und betonen nur noch einmal eine Beobachtung, die wir auf den vorhergehenden Seiten immer wieder gemacht haben: Dank einer kulturellen, sozialen und demographischen Veränderung weist die deutsche Gesellschaft völlig andere Charakterzüge auf als in der Vergangenheit. Sie hat praktisch nichts mehr mit dem Bild gemein, das man sich traditionell von Deutschland macht. Um diese Metamorphose, »the westernization of German thought« (Fritz Stern), hervorzubringen, bedurfte es, wie wir sahen, des mit Sicherheit nicht erwarteten Zusammenwirkens zwischen dem Werk des Konservativen Adenauer, des eisernen Verfechters der Marktwirtschaft und der atlantischen Allianz, und des Handelns der »Revolutionäre« von 1968, dank deren sich in Deutschland Gewohnheiten und Bewußtsein wandelten. Verblüffenderweise wurde das von Adenauer begonnene Werk von einer Generation fortgesetzt und zu Ende geführt, die an ihre Aufgabe eigentlich herangegangen war, weil sie es für unerträglich hielt, weiterhin in einem langweiligen und bigotten Deutschland leben zu müssen. Die Polemiken gegen die Vereinigung der beiden deutschen Staaten und die Verbissenheit, mit der die Linke die westdeutsche Identität gegen die möglichen Gefahren einer »Verdeutschung« von Kultur und Gesellschaft verteidigte, brachten diese neue, wenn auch unfreiwillige Allianz zwischen zwei Visionen der Welt ans Licht – als Bestätigung, daß die Nachkriegszeit tatsächlich und endgültig vorbei ist.

2.

Von Lessing bis Hitler

Les Allemands, s'ils ne savent pas jouer des grandes instruments de la liberté savent jouer naturellement de tous les instruments de musique.

Honoré de Balzac

Ich bin religiös ganz unmusikalisch.

Max Weber

...denn abstrakt und mystisch, das heißt musikalisch ist das Verhältnis des Deutschen zur Welt.

Thomas Mann

Von der Aufklärung zu den Nibelungen

Die moderne Welt ist ohne Deutschland nicht denkbar. Und trotzdem mißtraut sie ihm mindestens ebenso, wie die Deutschen sich immer noch selbst mißtrauen. »Man hat zu tun mit dem deutschen Schicksal und deutscher Schuld, wenn man als Deutscher geboren ist«, betont Thomas Mann in seinem Vortrag »Deutschland und die Deutschen«, den er 1945 vor der Library of Congress in Washington hielt. (Der Vortrag enthält eine bewegte und verzweifelte Diagnose der deutschen Identität, die zugleich eine Selbstanalyse, eine Bilanz des eigenen geistigen Werdegangs ist.) Die gleiche Frage, die man schon hundertmal zu beantworten versuchte, dasselbe Rätsel, zu dessen Lösung man die unterschiedlichsten Interpretationsparadigmata ausprobierte, indem man Geschichte, Psychologie, Anthropologie und Soziologie zu Hilfe nahm, sie haben seit mehr als einem halben Jahrhundert das Gewissen der besseren Deutschen gequält: Was ist geschehen? Wie ist es möglich gewesen? Ein bekannter deutscher Historiker fragte sich, »wie es gekommen ist, daß zwischen Westeuropa und uns in der Neuzeit ein stark empfundener Gegensatz politischen Denkens und politischer Lebensform entstanden ist: ein Gegensatz, der Deutschland für die Westeuropäer erst recht eigentlich zum Problem hat werden lassen.«[1] Welches sind nun die tieferen Gründe für jenen historischen Prozeß, der »Il dissidio spirituale della Germania con l'Europa« hervorrief, um den Titel des berühmten Aufsatzes von Benedetto Croce aus dem Jahr 1944 zu zitieren.[2] Wie kam es dazu? Versuchen wir, es zu verstehen.

Noch 1784 war für Kant die Idee einer Universalgeschichte nur denkbar von einem kosmopolitischen Gesichtspunkt aus. Am Ende der achten von den neun Thesen seines Essays schreibt er: »So fängt sich dennoch gleichsam schon ein Gefühl in allen Gliedern, deren jedem an der Erhaltung des Ganzen gelegen ist, an zu regen; und dieses giebt Hoffnung, daß nach manchen Revolutionen der Umbildung endlich das, was die Natur zur höchsten Absicht hat, ein allgemeinerer weltbürgerlicher Zustand, als der Schoß, worin alle ursprüngliche Anlagen der Menschengattung entwickelt werden, dereinst einmal zu Stande kommen werde.«[3]

Die spätere Geschichte hat jedoch dieser optimistischen Voraussage des Königsberger Philosophen nicht recht gegeben. Die Verantwortung für diesen Fehlschlag – und dies ist sehr wichtig – trägt in entscheidendem Maße Deutschland selbst. Denn hier begaben sich nur wenige Jahre nach Veröffentlichung der Kantschen Schrift Kultur und Politik an die »Zerstörung der Vernunft«, indem sie sich offen, ja feindselig gegen die kosmopolitischen Ideale der Aufklärung stellten. Der romantische Sturm und Drang beschwor den Mythos der Nation und stellte ihn dem Universalismus der Aufklärung im Zeitalter Lessings entgegen. Für Goethe war es nicht nur möglich, sondern sogar selbstverständlich zu behaupten, für die deutsche Identität sei das kosmopolitische Element viel wichtiger als das nationale. »Der Deutsche hat keine Nationalbildung, er hat Weltbildung«, merkt der Dichter an. In den folgenden Jahrzehnten jedoch mußte Europa die verhängnisvolle Richtungsänderung feststellen, die die deutsche Nation denkend und handelnd vorgenommen hatte. Bismarcks Reichsgründung, Sedan und zwei Weltkriege sind der Beweis.

»Das Reich hat den westlich-demokratischen Geist entschieden zurückgedrängt«, diese Aussage wird Leopold von Ranke zugeschrieben. Man übersieht jedoch häufig, daß die kosmopolitische Geisteshaltung auch noch für die Generation nach Kant ein zentraler Wert, ein entscheidender Anhaltspunkt war. Und das heißt also, gerade für jene romantischen Autoren, deren Werke später einen wesentlichen Beitrag zur Formulierung einer Konzeption des deutschen Nationalstaats leisteten, die die Idee der Humanität zugunsten des Mythos vom deutschen Volk und deutschen Blut aufgab.

Ein Beispiel dafür ist Friedrich Schlegel, dessen Denken eine Art Doppeldeutigkeit aufweist. Einerseits setzt er – daran ist nicht zu zweifeln – die aufklärerische Tradition seiner Vorgänger fort und erklärt seine uneingeschränkte Zustimmung zu einer Behauptung, die Novalis in einem Brief vom November 1797 aufstellte: »Deutschland ist Kosmopolitismus mit der kräftigsten Individualität gemischt... Die instinktartige Universalpolitik und Tendenz der Römer liegt auch im deutschen Volk. Das Beste, was die Franzosen bei der Revolution gewonnen haben, ist eine Portion Deutschland.«[4] Aber nur wenige Jahre später, in den Vorlesungen von 1804 bis 1806, stellte derselbe Schlegel seinen früheren Ansatz auf den Kopf und erklärte sich zum Verfechter einer konservativen, antiuniversalistischen und neofeudalen Idee der Nation. »Je älter, reiner und unvermischter der Stamm, desto mehr Sitten, und je mehr Sitten und wahre Beharrlichkeit und Anhänglichkeit an diese, desto mehr wird es eine Nation sein.«[5] Und weiter: »Jeder Staat ist ein selbständig für sich bestehendes Individuum, ist unbedingt sein eigener Herr, hat seinen eigentümlichen Charakter und regiert sich nach eigentümlichen Gesetzen, Sitten und Gebräuchen.«

Dies ist das Signal für den Beginn jenes »Schollenpatriotismus« (Fichte) in Deutschland[6], dessen Vorläufer Arndt gewesen war. Eine Konzeption, die dann 1807 in Fichtes »Reden an die deutsche Nation« ihre erste wirkliche Systematisierung erlebte, auch er ein Beispiel für die abrupte Preisgabe früherer radikal kosmopolitischer Überzeugungen zugunsten eines extremen Nationalismus. Diese »germanozentrische« Einschränkung des Volksbegriffs trägt natürlich einen hochgefährlichen Bazillus schon in sich, der nur darauf wartet, aktiv zu werden, was dann ja auch prompt geschah. Es genügte ein weiteres kleines Abgleiten, und die völkische Ideologie war fertig. Es reichte aus zu behaupten, das ein Volk verbindende Element sei das Blut, nicht nur Sprache oder Kultur. »Damit war eine Argumentationsebene beschritten, die weit von jeder geschichtswissenschaftlichen Begründbarkeit fortführte, über die Rassentheorien eines Grafen Gobineau und eines Houston Stewart Chamberlain zu den Wahnideen eines Adolf Hitler.«[7]

Es war ein komplizierter, verschlungener Prozeß, mit dem die deutsche Kultur zwischen dem Ende des 18. und dem ersten Jahrzehnt des 19. Jahrhunderts von uneingeschränkter Zustimmung zu den westlichen Werten überging zu jener extremen Betonung der Nation, die dann im weiteren Verlauf zu der barbarischen Idee von »Blut und Boden« entartete. Friedrich Meinecke hat uns eine einleuchtende Rekonstruktion dieser Entwicklung in seinem Buch »Kosmopolitismus und Nationalstaat« gegeben. Er zeigt darin die »mannigfachen Wege, die hier aus der kosmopolitischen Welt des 18. Jahrhunderts in die nationalstaatliche des 19. Jahrhunderts hinüberführen.«[8] Er bietet eine Rekonstruktion, aber keine Erklärung. Abgesehen von äußerlichen historischen Hinweisen, zum Beispiel auf die Konsequenzen, welche die Napoleonischen Kriege für den deutschen Geist hatten, fehlt eine detaillierte Untersuchung der geistigen Strömungen und Motive, die den Umschwung in den Schriften der Romantiker hervorriefen. Nach Karl Mannheim ist das »Sich-Herausbilden eines spezifischen (wenn auch in mehreren Strömungen verlaufenden) konservativen Denkstils ... eine der prägnantesten Tatsachen im Geistesleben der ersten Hälfte des 19. Jahrhunderts in Deutschland«.[9]

Um beim Beispiel Schlegels zu bleiben, so wäre es sicher sehr interessant gewesen, die Gründe aufzudecken, warum er seine Überzeugungen radikal umkehrte, nachdem er anfangs, wie Meinecke hervorhebt, »den französischen Revolutionsideen sogar noch weitere Zugeständnisse machen« konnte »als der bedächtigere und erfahrenere Kant«[10] und nachdem er energisch den Vorrang des kulturellen Elements gegenüber den verworrenen deutschen Mythologien betont hatte. (»Nicht Hermann und Wotan sind die Nationalgötter der Deutschen, sondern die Kunst und die Wissenschaft.«)[11] Schlegel kam am Schluß bei einer Vorstellung an, bei der sich die Nation auf Blutsverwandtschaft und angebliche Urgemeinschaft gründete, nicht mehr auf die freie Zustimmung des einzelnen Bürgers. Ein in der Tat verhängnisvoller Schritt: »Die Freiheit wurde nativistisch vergröbert zur Fernhaltung alles fremden Blutes, die Eigentümlichkeit lief hier hinaus auf möglichste Erhaltung des Überlieferten, auf Stagnation und Altertümlichkeit der Nationalcharaktere. Wir begegnen hier wohl zum ersten Male der spezifisch konservativen Ausdeutung des Nationalitätsprinzips.«[12]

Es ist, als ob es einem bösen Geist gelungen wäre, sich des geheimen Schlüssels zur Seele des Volkes zu bemächtigen und sie zu seinem Vergnügen zu manipulieren, zu pervertieren und ihre Werte systematisch zu verfälschen. Nur mit einer solchen Annahme läßt sich erklären, was sonst nur ein unglaubwürdiges Paradox wäre. Wie sonst wäre es möglich gewesen, daß die Deutschen sich verführen ließen, »auf ihren eingeborenen Kosmopolitismus den Anspruch auf europäische Hegemonie, ja auf Weltherrschaft zu gründen, wodurch er zu seinem strikten Gegenteil, zum anmaßendsten und bedrohlichsten Nationalismus und Imperialismus wurde«?[13] Am Ende des Weges, auf dem die früheren Ideale verraten wurden, wandelte sich der harmlose Mythos vom Heiligen Römischen Reich Deutscher Nation zur verhaßten Wirklichkeit des Dritten Reichs. Hitler sah sich am Ende allen Ernstes in der Rolle des *defensor Europae*: »Meine Soldaten, ich habe einen Entschluß gefaßt, den ich nicht nur als der für den deutschen Staat verantwortliche Führer fassen muß, sondern als Repräsentant der europäischen Kultur und Zivilisation.« Diese Erklärung des »Führers« stammt vom 21. Juni 1941, dem Tag, an dem die »Operation Barbarossa« gegen die UdSSR begann.

Natürlich wäre es nicht nur töricht, sondern geradezu grotesk, für diesen Bruch im Zivilisierungsprozeß der deutschen Gesellschaft Schlegel »die Schuld zu geben« oder Novalis, der Romantik oder Hegel – wie es leider schon mehrere Male geschehen ist. Oder wie Lukács zu behaupten, die Schuld bestehe darin, daß man den dialektischen Geist des »jungen Hegel« zugunsten der irrationalistischen und pessimistischen Philosophien (Schlegel und Schopenhauer) vergaß. Die Schuld ist weder bei Luther zu suchen noch bei Nietzsche oder Wagner oder gar bei der angeborenen »vertikalen« Musikalität der deutschen Seele. »Die Deutschen sind ganz vorwiegend Musiker der Vertikale, nicht der Horizontale, größere Meister der Harmonie, in die Balzac die Kontrapunktik einschließt, als der Melodie ... Sie haben dem Abendland ich will nicht sagen: seine schönste, gesellig verbindendste, aber seine tiefste, bedeutendste Musik gegeben, und es hat ihnen Dank und Ruhm dafür nicht vorenthalten. Zugleich hat es gespürt und spürt es heute stärker als je, daß solche Musikalität der Seele sich in anderer Sphäre teuer bezahlt, – in der politischen, der Sphäre des menschlichen Zusammenlebens.«[14]

Aber eins ist sicher: Am Beginn der deutschen Tragödie steht die polemische Entfernung Deutschlands vom Westen. Man ging von den im Bildungsideal enthaltenen Prinzipien des Gleichgewichts und des Maßes ab, Werte, für die sich Kant, Goethe und Humboldt begeistert hatten und die bis zu den Kriegen gegen Napoleon überwogen hatten; jetzt opferte man sie im Namen einer unklaren, verworrenen Suche nach der nationalen Identität. Dies erwies sich für die Deutschen als weit problematischer als für die anderen großen europäischen Nationen, die ihm dabei vorangegangen waren, das *Risorgimento* in Italien eingeschlossen. Die Gründe? Eine verhängnisvolle Mischung aus schwierigen historischen und geographischen Bedingungen und besonderen geistigen Entwicklungen. Eine komplizierte, nicht sicher definierte geographische Lage und eine labile historische Identität, weil wahre Gründungsmythen fehlten und die Teilhabe an diesen eine notwendige Voraussetzung für das Bewußtsein einer nationalen Zugehörigkeit ist. »Wir wissen nicht, wer wir sind«, schrieb Dolf Sternberger, »das ist die deutsche Frage. Auf jeder möglichen Gestalt deutschen Daseins liegt ein Schatten.«[15]

Dieses Vakuum in der Geschichte suchte man zu füllen, indem man sich in heidnische Mythen flüchtete, in die angebliche Ahnenreihe des deutschen Volkes. In Ermangelung eines Napoleon oder Garibaldi ging man zu den Nibelungen zurück. Anstelle des Pantheons errichtete man Walhall, wo Odin und Siegfried wohnten, die so zu den Stammheroen der jungen deutschen Nation wurden. Oder man versuchte – das hätte Goethe schaudern machen – eine unmögliche historische Kontinuität herzustellen zwischen Hohenstaufen und Hohenzollern, zwischen Wilhelm I. »Barbabianca« und Friedrich Barbarossa, den man übrigens mit seinem Enkel, Friedrich II., verwechselte, von dem die Sibylle gesagt hatte, »er lebt und lebt doch nicht«, und er werde wieder auferstehen, um Deutschland zu retten.

Auf diese Weise bildete sich eine negative Entsprechung heraus: Je schwieriger sich die Bedingungen erwiesen, unter denen der deutsche Nationalstaat sich bildete, desto fataler wurden die Konsequenzen, die das Abgehen vom früheren europäischen Gleichgewicht hervorbrachte. Es war der erste Schritt in die Katastrophe.

Madame de Staël versuchte zu Beginn des 19. Jahrhunderts als erste in das Labyrinth der deutschen Identität einzudringen, ein Unternehmen, das später unzählige Male mit mehr oder weniger überzeugenden Resultaten wiederholt wurde. In ihrer umfangreichen Reisebeschreibung mit dem Titel »Über Deutschland« unternimmt es die Tochter des französischen Finanzministers Necker, die Kennzeichen der deutschen »Besonderheit« zu untersuchen, die Geschichte und Natur geschaffen haben (»Viele und ausgedehnte Wälder lassen stets auf eine noch junge Zivilisation schließen«). Im Vergleich mit den Franzosen fällt ihr besonders die unterschiedliche Bedeutung auf, die die Deutschen der politischen Freiheit beimessen: »Gerade die Unabhängigkeit, die man in Deutschland in fast jeder Beziehung genoß, machte die Deutschen gegen die Freiheit gleichgültig: ›die

Unabhängigkeit ist ein Besitz‹, die Freiheit eine Bürgschaft, und da niemand in Deutschland in seinen Rechten verletzt wurde, so fühlte man kein Bedürfnis nach einer Ordnung der Dinge, die dies Glück sichert ... Man glaubte also, keiner ›konstitutionellen Bürgschaft‹ zu bedürfen, da man keinen Störenfried sah«.[16] Neben dieser Gleichgültigkeit gegenüber den Werten des liberalen Konstitutionalismus habe es in Deutschland aber auch wider Erwarten nicht das geringste nationalistische Gefühl gegeben, berichtet Madame de Staël. Ja, es habe nicht einmal patriotischen Geist gegeben: »In der Literatur wie in der Politik haben die Deutschen zuviel Achtung vor dem Ausland und ›nicht genug nationale Voreingenommenheit‹. Selbstverleugnung und Achtung vor andern sind bei Individuen eine Tugend – der Patriotismus der Nationen aber muß egoistisch sein.«[17] Kurz darauf änderte sich die Situation radikal. In Deutschland brach der Nationalismus aus, aber im Unterschied zu Frankreich, wo er sich früher ausgebreitet hatte, begleitete ihn keine allgemeine demokratische Ethik.

Um die Gründe für diese Pathologie zu erklären, deren Ursprung Helmuth Plessner in »eine(r) verspätete(n) Nation« sah, gibt es viele Interpretationen; keine ist ausreichend, aber wenn man sie sorgfältig gegeneinander abwägt, was im nächsten Kapitel versucht wird, dann bieten sie einige zweifellos überzeugende Antworten.

Einstweilen wollen wir jedoch bei einem Aspekt bleiben, den man bisher vielleicht nicht genügend beachtet hat, der es jedoch verdient, zur Kenntnis genommen zu werden: Viele deutsche Intellektuelle des 19. Jahrhunderts haben mit einem qualvollen Widerspruch gerungen, der aus einer paradoxen Mischung von tiefer Abneigung gegen Deutschland, erklärtem

Abscheu vor dem eigenen »Deutschsein« und einer übersteigerten Verherrlichung des deutschen Geistes und seiner historischen Rolle bestand. Sie wurden gequält von der schmerzlichen Erkenntnis, im Guten wie im Bösen unter Sonderbedingungen leben zu müssen, unter einer Anormalität, die direkt mit der deutschen Identität verknüpft war. Eine solche Antinomie besteht heute noch, ist Grund für die tiefe Verstörung und die peinigende Unsicherheit im Bewußtsein der Intellektuellen, die, immer auf der Suche nach der schwierigen Normalität, gerade deshalb immer unruhig, mißtrauisch und reizbar sind.

Diese Zerrissenheit, diese Stimmungsschwankungen zeigten sich in der Vergangenheit bei der »Rechten« wie bei der »Linken«, bei Heine wie bei Nietzsche, bei Marx wie bei Hölderlin oder Wagner. Einer der bekanntesten und am häufigsten zitierten Heinetexte entstand 1844, das Vorwort zu »Deutschland. Ein Wintermärchen.« Nachdem er freimütig seinen Widerwillen gegen den Philistergeist der »Biertrinker« und seine Liebe zum französischen Volk erklärt hat, verläßt er plötzlich die eingeschlagene Bahn und nimmt für sich das Monopol des »wahren deutschen Patriotismus« in Anspruch, als dessen alleinigen Repräsentanten er sich bezeichnet: »Ja, nicht bloß Elsaß und Lothringen, sondern ganz Frankreich wird uns alsdann zufallen, ganz Europa, die ganze Welt – die ganze Welt wird deutsch werden! Von dieser Sendung und Universalherrschaft Deutschlands träume ich oft, wenn ich unter Eichen wandle. Das ist *mein* Patriotismus.«[18] Der deutsche Auftrag heißt also: Beherrschung der Welt, unter Einschluß der Eroberung Frankreichs.

Natürlich sind die Waffen Heines und Marx', der ihm im selben Jahr von Paris aus zustimmte, (»Die ›Emanzipation des Deutschen‹ ist die ›Emanzipation des Menschen«) die Waffen des Geistes und nicht die Bismarcks und Moltkes. Und trotzdem gibt die Überzeugung zu denken, daß die Bestimmung Deutschlands eine ganz andere sein soll als die aller übrigen Völker und daß Deutschland als Maßstab der Geschichte und der Welt betrachtet werden soll, als absoluter Vergleichspunkt. Eine Weltmission also, die die deutsche Nation zum Vorteil der gesamten Menschheit ausübt. Das ist auch die Überzeugung Schillers, ausgedrückt in dem berühmten Fragment »Deutsche Größe«: »Sie ist eine sittliche Größe, sie wohnt in der Kultur und im Charakter der Nation, der von ihren politischen Schicksalen unabhängig ist. ... indem das politische Reich wankt, hat sich das geistige immer fester und vollkommener gebildet.«[19] Und gerade weil sie die Bewahrer des Weltgeistes seien, sei den Deutschen, da sie ohne eigene Nation seien, eine Aufgabe zugewiesen, die sich von den egoistischen und »nationalen« der übrigen europäischen Länder gänzlich unterscheide. Laut Schiller lieben die Engländer kostbare Altertümer, die Franzosen Pracht und Glanz, die Deutschen aber hat das Schicksal dazu ausersehen, »in Berührung mit dem Weltgeist zu leben«. Und: »Jedes Volk hat seinen Tag in der Geschichte, doch der Tag des Deutschen ist die Ernte der ganzen Zeit.«[19]

Es gibt in der Tat zu denken, daß ein Jahrhundert später der deutsche Nationalismus aus diesen gutgläubigen und wohlmeinenden, dem romantischen Idealismus so wichtigen Ideen einen solchen Greuel machen konnte. Aber war es etwa nicht der gleiche Heine gewesen, der in einer Schrift von 1834 dunkle Vorahnungen, tiefe Ängste und schmerzlichen Zweifel an diesem revolutionären Auftrag Deutschlands bekundete, auf den er doch alle seine Hoffnungen gesetzt hatte? Er sagte dort nämlich: »Der Gedanke geht der Tat voraus, wie der Blitz dem Donner. Der deutsche Donner ist freilich auch ein Deutscher und nicht sehr gelenkig, und kommt etwas langsam heruntergerollt; aber kommen wird er, und wenn Ihr es einst krachen hört, wie es noch niemals in der Weltgeschichte gekracht hat, so wißt: der deutsche Donner hat endlich sein Ziel erreicht. Bei diesem Geräusche werden die Adler aus der Luft tot niederfallen, und die Löwen in der fernsten Wüste Afrikas werden die Schwänze einkneifen, und sich in ihren königlichen Höhlen verkriechen. Es wird ein Stück aufgeführt werden in Deutschland, wogegen die Französische Revolution nur wie eine harmlose Idylle erscheinen möchte.«[20]

In der Tat eine verblüffende Prophezeiung! Das gleiche Mißtrauen samt sarkastischen Spitzen gegen das Deutschtum finden wir bei Nietzsche, der ebenso wie Heine und Marx immer eine große Verlegenheit und tiefe Zwiespältigkeit gegenüber seiner deutschen Identität zeigte. In einem Brief von 1870, den unaufhaltsamen Erfolg Bismarcks vor Augen, schreibt er zum Beispiel: »Vor dem bevorstehenden Culturzustande habe ich die größten Besorgnisse. Wenn wir nur nicht die ungeheuren nationalen Erfolge zu theuer in einer Region bezahlen müssen, wo ich wenigstens mich zu keinerlei Einbuße verstehen mag. Im Vertrauen: ich halte das jetzige Preußen für eine der Cultur höchstgefährliche Macht.«[21] Auch dies eine erstaunliche Vorhersage, wenn wir daran denken, was später geschah. Sie ist um so erstaunlicher, weil gerade Nietzsche ein heftiger Kritiker seiner Landsleute war, ein echter »Feind der Deutschen«, der ihnen den Stil und das Gleichgewicht der übrigen europäischen Völker absprach. Wenn man ihn später für einen Vorkämpfer teutonischen Geistes, sogar für einen Vorläufer des Nationalsozialismus hielt, so war das mehr als ungerecht. In der »Fröhlichen Wissenschaft« können wir lesen: »Man gebe Acht auf die Commandorufe, von denen die deutschen Städte förmlich umbrüllt werden, jetzt wo man vor allen Thoren exerciert: welche Anmaßung, welches wüthende Autoritätsgefühl, welche höhnische Kälte klingt aus diesem Gebrüll heraus! Sollten die Deutschen wirklich ein musikalisches Volk sein? (...) Fast in jeder Rede des ersten deutschen Staatsmannes und selbst dann, wenn er sich durch sein kaiserliches Sprachrohr vernehmen läßt, ist ein Accent, den das Ohr eines Ausländers mit Widerwillen zurückweist: aber die Deutschen ertragen ihn, sie ertragen sich selber.«[22]

Mehr als sechzig Jahre später wird einer seiner Schüler dies mit ungefähr denselben Worten sagen: »Was die Deutschen Idealismus nannten und den sie sich besonders zusprachen, war immer nur ein Mangel an Formbildung und Gliederungsvermögen.«[23]

Das protestantische Reich

»Wollt ihr Deutschland verstehen? Lest Luther, diese gigantische Inkarnation des deutschen Wesens.«[24] Der protestantische Geist Luthers ist das eigentliche Geheimnis der deutschen Ideologie: seine Autoritätsgläubigkeit, sein erbarmungsloser Moralismus, seine absolute Geringschätzung der irdischen Güter, seine ausgesprochene Intoleranz und seine Feindschaft gegen die Idee des Kompromisses haben den deutschen Geist von Grund auf geformt. »Der eigentliche Schlüssel für das Verständnis der deutschen Handlungs- und Denkweise ist der deutsche Protestantismus in einem umfassenden Sinn«, schrieb Karl Löwith. »Es ist kein Zufall, daß alle unsere großen

Denker von Kant bis Hegel und von Hegel bis Nietzsche Protestanten sind. Der Protestantismus ist aber nicht nur das ›peccatum originale‹ der deutschen Philosophie, sondern auch der spezifisch deutschen Aktionen, deren Quelle der preußisch-protestantische Geist ist.«[25]

Luther und der preußische Militarismus wären demnach die Erbsünden Deutschlands, die tieferen Gründe für seine radikale Besonderheit innerhalb des geistigen europäischen Kontextes. Diese Diagnose stellt überraschend einen der klassischen Topoi des europäischen Bewußtseins in Frage, die Überzeugung nämlich, daß eine Verbindung bestehe zwischen protestantischem Geist und moderner Vernunft. Sie stellt sogar die Hypothese auf, daß man in den 1517 in Wittenberg angeschlagenen Thesen den Ursprung für den deutschen Aufstand gegen die Moderne und den Westen suchen müsse, die Ursache für die »tragische Weltfremdheit«, die den Deutschen anhafte, und für ihre tiefe Abneigung gegen Politik. Nach Talcott Parsons hat »der Hauptkomplex des ideologischen Symbolismus in diesem deutschen System ... seinen Ursprung im Luthertum«.[26] Thomas Mann ist in den »Betrachtungen eines Unpolitischen« überzeugt, »daß Demokratie, daß Politik selbst dem deutschen Wesen fremd und giftig sei; wenn ich Deutschlands Berufenheit zur Politik bezweifelte... Ich bekenne mich tief überzeugt, daß das deutsche Volk die politische Demokratie niemals wird lieben können, aus dem einfachen Grunde, weil es die Politik selbst nicht lieben kann, und daß der vielverschriene ›Obrigkeitsstaat‹ die dem deutschen Volke angemessene, zukömmliche und von ihm im Grunde gewollte Staatsform ist und bleibt.«[27]

Luthertum und Abneigung gegen Politik, pietistischer Protestantismus und Liebe zur bestehenden

Autorität: Das sind die negativen Auswirkungen der Reformation auf das deutsche Bewußtsein. Luther hat, wie Marx ironisch feststellte, »den Leib von der Kette emanzipiert, weil er das Herz in Ketten gelegt« hat. Es wäre interessant, im Lichte einer solchen Interpretation auch den anderen Topos aus dem ethisch-politischen Wortschatz der Europäer zu überprüfen, der den Reflexionen vieler nichtdeutscher Autoren zwischen dem Ende des 19. und dem Anfang des 20. Jahrhunderts als zentrale These zugrunde lag (man denke nur an Renan, an die Analysen Gobettis oder an Gramsci). Sie sehen die Gründe für die verspätete Modernisierung in Frankreich oder in Italien gerade im Scheitern oder der fehlenden Durchsetzung der protestantischen Reform, in der kontinuierlichen Vorherrschaft des römischen Katholizismus also.

Aber wenden wir uns wieder Deutschland zu. Dostojewski geht in seinen Behauptungen noch weiter: Der lutherische Protestantismus sei nur eine Sonderform, eine Variante der allgemeineren Grundhaltung, auf der die polemische Beziehung Deutschlands zur Welt beruhe – die Haltung des Protests nämlich. Deutschland sei das »protestierende Reich« an sich. »Deutschland hat nur ›eine‹ Aufgabe und hat sie auch früher und immer gehabt. Es ist sein ›Protestantismus‹, – nicht bloß die Formel dieses Protestantismus, wie sie sich unter Luther entwickelt hat, sondern sein ständiger Protestantismus, sein ›ewiger Protest‹, erst gegen die römische Welt schon unter Arminius, gegen alles, was vom alten Rom auf das neue Rom übergegangen ist und gegen alle die Völker, die von Rom seine Formel und sein Element übernommen haben, gegen die Erben Roms und gegen alles, was dieses Erbe ausmachte.«[28] So Dostojewski. Berlin gegen Rom also. Die geistige Auseinandersetzung

Deutschlands mit Europa, »Deutschlands Protest gegen den politischen Humanismus Westeuropas«, hätte so gesehen tiefreichende Wurzeln.[29] Teilt man die Diagnose Benedetto Croces, dann nahm sogar schon nach der Schlacht im Teutoburger Walde, als Augustus' Legionen im Jahre 9 plötzlich eine Niederlage erlitten, der Prozeß der Romanisierung Germaniens für immer ein Ende. Der Limes wurde zu einer Art geistigem und kulturellem Grenzwall, unsichtbar, aber sehr hoch, dazu bestimmt, auch in den kommenden Jahrhunderten Konsequenzen größten Ausmaßes zu haben, etwa für die Reformation. Es ist in der Tat kein Zufall, daß der Limes zur Demarkationslinie wurde, welche die Gebiete unter der Einflußsphäre des Protestantismus von jenen trennte, die dem römischen Katholizismus treu geblieben waren.

Diese Rekonstruktion der deutschen Geistesgeschichte enthält sicher viel Wahres, sie ist aber zu einseitig. Sie übersieht vor allem, daß Deutschland selbst durch den eigenen »Protest« durchschnitten und zweigeteilt wurde. Daß es selbst Schauplatz der geistigen und religiösen Auseinandersetzungen war, vor allem jener zwischen den katholischen und den protestantischen Deutschen. Deutschland war nie ein Monolith, allenfalls ein Janus. Wie Louis Dumont schrieb – wir verdanken dem gelehrten Franzosen die genaueste und faszinierendste Rekonstruktion der Geistesgeschichte des modernen Deutschland –, war sein Problem nicht so sehr oder nicht ausschließlich der »Protest«, sondern allenfalls der »Widerspruch«. Deutschland enthält in der Tat in sich selbst »zu einem gewissen Grade, in einem bestimmten Moment das, wogegen es protestiert. So ist Deutschland, wenn es besonders lutherisch-protestantisch ist, auch katholisch.«[30] Die ganze deutsche Geschichte der Nachkriegszeit bliebe unverständlich, wenn diese

»Zweideutigkeit« nicht existierte. Was wir die »Verwestlichung« Deutschlands nannten, ist in Wirklichkeit eine Art verspätete Revanche des Katholizismus, eine Revolte gegen die Reformation. Im demokratischen und westlichen Deutschland Adenauers haben wir die Bestätigung dafür: Es stimmt grosso modo mit den historisch katholischen Gebieten überein. Und gerade deshalb konnte es die Alternative zum protestantisch-preußischen Bismarck-Reich sein.[31]

Andererseits war historisch gerade diese »Zweideutigkeit« der wahre Grund für die Schwäche der politischen und geistigen deutschen Identität. Oder, wenn man das vorzieht, sie gab die besondere geographische Lage wieder, die dazu beitrug, Deutschland systematisch in ein Schlachtfeld der »europäischen Bürgerkriege« zu verwandeln, angefangen mit dem Dreißigjährigen bis hin zum kalten Krieg, der den Limes noch einmal zu einer Demarkationslinie von größter geopolitischer Bedeutung werden ließ: zur Grenze zwischen Ost und West.

Deshalb ist die Frage, die Gottfried Benn 1933 stellte, zweifellos auch heute noch aktuell und provozierend: »Der deutsche Mensch – wer ist das? Welches ist sein Wesen, welches sind seine Züge? Das Inland und das Ausland fragt nach ihm, beschäftigt sich mit ihm, bei uns rückt er in den Mittelpunkt aller öffentlichen Diskussionen über Rechtsfragen, über Dichtung und Kunst... Der deutsche Mensch also, welches sind seine Bausteine, gibt es ihn überhaupt?«[32]

Der homo germanicus, an den Benn dachte, existiert heute freilich ebensowenig mehr, wie das militaristische und barbarische Deutschland existiert, das sich gerade zu Anfang desselben Jahres, in dem Benns Essay erschien, anschickte, sein Schlechtestes zu geben. Aber in der Vergangenheit existierte sowohl der eine wie das andere. Und die Erinnerung an sie ist weiterhin unverändert lebendig in den Gedanken und in den Verdächtigungen der anderen Völker. Wenn wir jedoch die frühere geistige Physiognomie Deutschlands mit der heutigen vergleichen, dann können wir die gründliche Veränderung feststellen, die die deutsche Identität in der zweiten Hälfte des 20. Jahrhunderts erfahren hat. Nach der Katastrophe von 1945 erweckt Deutschland den Eindruck, in den geistigen Zustand zurückgekehrt zu sein, der seiner Entstehung als Nationalstaat vorausging. Es ist, als sei es auf einem Weg vorangeschritten, der in die entgegengesetzte Richtung führte wie jener, auf dem es sich zu Beginn des 19. Jahrhunderts befand und auf dem es die unheilvolle Wahl einer übertrieben nationalistischen Identität traf.

Der Grundzug, der »Schlußstein« im Gebäude der deutschen Ideologie, die geistige Kontur – wenigstens bis zum Ende des Zweiten Weltkriegs –, die sich so weit verfestigt hatte, daß sie einem anthropologischen Charakterzug des deutschen Volkes gefährlich nahe kam, war zweifellos der Militarismus. Für das europäische Bewußtsein wurde er deshalb zur eigentlichen Erbsünde der deutschen Identität. Der Militarismus war Lebensorganisation und zugleich Ausdruck einer Weltanschauung. In ihm verbanden sich Machtkult und Organisationsfähigkeit, Liebe zur Ordnung und Bereitschaft zum Gehorsam. »Ein militaristisch gezwungenes Volk ..., das sein unfertiges Gesicht hinter die verzerrte Machtmaske hielt«, schreibt Rilke in einem Brief vom Jahre 1918.[33]

Wir verdanken Elias Canetti eine der einprägsamsten und überzeugendsten Analysen der preußischen Version des deutschen Wesens. Er hat die in der Tiefe verborgenen Archetypen ans Licht gebracht, die »geistige« Gestalt des Volkes, seinen kollektiven Geisteszustand, das infolge der kombinierten Einwirkung von Geschichte und Geographie, von Umweltbedingungen und politischen Einrichtungen entstandene kulturelle und psychologische »Sedimentgestein«. Im vierten Kapitel von »Masse und Macht«, in dem er die »Massensymbole der Nationen« untersucht, nimmt er das für Deutschland wichtigste Symbol aufs Korn: »Das Massensymbol der Deutschen war das ›Heer‹. Aber das Heer war mehr als das Heer: es war der ›marschierende Wald‹ ... Das Rigide und Parallele der aufrechtstehenden Bäume, ihre Dichte und ihre Zahl erfüllten das Herz des Deutschen mit tiefer und geheimnisvoller Freude ... Der Engländer sah sich gern ›auf dem Meer‹; der Deutsche sah sich gern ›im Wald‹; knapper ist, was sie in ihrem nationalen Gefühl trennte, schwerlich auszudrücken.«[34]

Die erdhafte Natur steht der des Wassers gegenüber, Land gegen Meer. Es ist natürlich nicht völlig neu, diese geopolitische Metapher zu gebrauchen, um den unterschiedlichen Charakter der Völker zu erklären, insbesondere die Verschiedenheit zwischen der insularen Wirklichkeit Englands (»Kleinod in die Silbersee gefaßt / Die ihm den Dienst von einer Mauer leistet, / Von einem Graben, der das Haus verteidigt«, Shakespeare) und der kontinentalen Deutschlands. Auch andere als Canetti haben dieses Argument schon gebraucht. Es taucht in einer wichtigen Forschungsrichtung wieder auf, die allzulange von einem großen Teil der »progressiven« Kulturszene ignoriert worden war. Befangen in dem Vorurteil, die Geopolitik sei eine reaktionäre oder gar nazistische Wissenschaft, hatte sie sich damit zufriedengegeben, sie als »geopolitisches Tamtam« (Habermas) abzutun.

In Wirklichkeit aber erweist sich ein solches Herangehen als überaus fruchtbar, denn die Betrachtung der geopolitischen Bedingungen, unter denen »Geschichte geschieht«, erlaubt uns, einige Konstanten zu erkennen, die eine entscheidende Rolle gespielt haben im Prozeß der Institutionenbildung und in der kulturellen Entwicklung der einzelnen Nationen. Und zugleich bewahrt es uns davor, in »rassistische« Stereotypen über angeblich »naturgegebene« Volkscharaktere zu verfallen. Die geopolitischen Gegebenheiten ändern sich nämlich genauso wie die historischen Gleichgewichte, sie sind keine unveränderlichen morphologischen Daten.

Was Deutschland betrifft, so hat zum Beispiel gerade seine besondere geographische Lage mit Sicherheit den Grad der politischen und kulturellen Hegemonie begünstigt, die die Militärkaste über die nationale Geschichte ausübte. Aus der Instabilität der geographischen Identität der deutschen Nation – nach dem Historiker Michael Stürmer ist Deutschland »eine Frage der Definitionen« – wurde eine Instabilität der geistigen deutschen Identität. »Deutschland? Aber wo liegt es? Ich weiß das Land nicht zu finden«, rief Schiller schmerzlich aus. Wo beginnt Deutschland? Wo endet es? Sonderbare Fragen. Zu allem übrigen ist Deutschland auch noch das einzige europäische Land, das nicht nur durch zwei Konfessionen geteilt wird, sondern auch noch durch drei unterschiedliche Trinkkulturen: Im Südwesten, von der Region Baden-Württemberg bis zum Rhein, reift der Wein. Der Raum von Bayern bis zur Nordsee ist das unangefochtene Reich des Bieres. Östlich der Elbe fängt die unbegrenzte Ebene an, wo »mutuus metus« (Tacitus) und der Schnaps regieren. Und die Eß- und Trinkkulturen sind Metaphern für unterschiedliche Lebensweise, für andere Gewohnheiten, kurz für die geheimen Kennzeichen einer Zivilisation. Die Geschichte Deutschlands ist in der Tat seine Geographie.

Ferdinand Braudel sprach im Hinblick auf die deutsche Situation gern von »déterminisme géopolitique«. Und diese geographische deutsche Unsicherheit ist ihrerseits zum Ursprung einer »Identitätsneurose« geworden. Die »Determiniertheit« konnte übrigens jederzeit in ihr Gegenteil umschlagen, in die Versuchung, Sicherheit in der gefährlichen Flucht nach vorn zu suchen, in der »Entgrenzung«. Das Bild der deutschen Nation tendiert deshalb unweigerlich dazu, sich mit jenem vom Reich zu vermischen, vom Imperium. Die Wurzel des sogenannten »Pangermanismus« liegt in der Schwierigkeit, mit der sich in Deutschland – im Gegensatz zu Frankreich und England – der Übergang von der universalen Konzeption der Souveränität des Mittelalters zur modernen nationalen gestaltete, nämlich jener Prozeß, den Ernst Kantorowicz in seinem Werk »The King's Two Bodies« untersucht hat. Im Falle Deutschlands wurde die Idee der universalen Souveränität, wie sie das Heilige Römische Reich Deutscher Nation darstellte, niemals von der »nationalen« Idee verdrängt. Und so »nannte sich, als Deutschland neu geeint wurde unter preußischer Autorität (oder beinahe, da Österreich ausgeschlossen blieb), der neue deutsche Staat seinerseits ›Reich‹, er erbte einfach die Berufung auf die universale Souveränität, die sein ferner Vorgänger besessen hatte«.[35] Und dies verurteilte es unweigerlich dazu, für das europäische Bewußtsein zu einem Störfaktor zu werden, zu einer Bedrohung, zum Feind par excellence. Wozu er dann auch tatsächlich wurde.

»Was ist anders mit den Deutschen?« fragte sich Hagen Schulze. »Ihre Unfähigkeit, zu einem Geschichtsbild zu finden, das auf die Dauer Identität und Selbstbewußtsein stiftet, hat eine Fülle von Ursachen, die jedoch allesamt auf einen letzten Grund zurückgeführt werden können: Deutschlands Lage in Europa.«[36] Seine Lage war nämlich der Hauptgrund für eine Reihe von Irrtümern: »Ein geographischer Irrtum und eine politische Gefahr« (Michel Stürmer), mit unheilvollen Konsequenzen für die deutsche und die europäische Geschichte. Die Lage in der Mitte des Kontinents brachte die Gefahr mit sich, in einen heiklen Kreislauf von Existenzangst und organisierter Gewalt zu geraten. Geschichte und Geographie schienen sich gegen Deutschland verschworen zu haben, gegen »ein Land, zu schwach, um Europa zu regieren, wie die Vereinigten Staaten es auf dem amerikanischen Kontinent tun, aber zu stark, um nicht das Mißtrauen und die Ängste der anderen europäischen Nationen zu erregen.«[37]

Dies ist die objektive Grundlage der deutschen Frage, wenigstens innerhalb ihrer klassischen Definition. Von Geburt an »eingekreist« (David Calleo), hat Deutschland wegen dieser schwierigen Lage mit der Zeit ein Aggressionssyndrom entwickelt und seine Angst hinter arroganter Haltung versteckt. Ein Volk, das nach Tacitus und Madame de Staël, also von der Antike bis zum 19. Jahrhundert, sich militärisch nicht als besonders tüchtig gezeigt hatte, wandelte sich plötzlich zum Soldatenvolk. Heute können wir vielleicht eher verstehen, daß es sachliche Gründe waren, aus denen heraus das Heer in der Geschichte des Deutschen Reiches eine entscheidende Rolle spielte. Natürlich kann man die Hegemonie der Militärkaste nicht vereinfachend dadurch erklären, daß man ausschließlich auf die wirtschaftlichen Gründe hinweist, etwa allein auf die sogenannte Übermacht der Junker, der adligen Großgrundbesitzer Ostelbiens. Es standen vielmehr geopolitische, geistige und soziale Gründe am Anfang des Primats der militärischen Werte, der »ritterlichen« und feudalen im Gegensatz zu den bürgerlichen; sie sind die tatsächliche Ursache der deutschen »Besonderheit«. Die »Einkreisung« und Luther zählen ebensosehr wenn nicht mehr als die wirtschaftliche Macht, die in Wirklichkeit recht gering war. Ernst Troeltsch schrieb: »Der deutsche Militarismus war vielmehr eine politische Institution, ein entscheidendes Element der Staatsverfassung, und er war dies, weil er zugleich das Wesen der deutschen herrschenden Gesellschaft ausmachte. Er war der Charakter der preußisch-deutschen Reichsverfassung und die besondere Eigentümlichkeit der deutschen Klassengesellschaft.«[38]

In Deutschland herrschten: Kriegsästhetik und Verachtung der universalistischen Demokratie des Staatsbürgers. Ständige Drohung, im Namen der Regierbarkeit auf den Notstand zurückzugreifen. Standesdenken innerhalb der Gesellschaft. Hierarchie gegen Gleichheit. Gemeinschaft gegen Gesellschaft. Entscheidung gegen Diskussion. Staatsräson als wahre Moralphilosophie des preußischen Staates. Das Recht der Gewalt gegen die Pflicht der Moral. Die Freund-Feind-Unterscheidung als das einzige Kriterium seiner praktischen Vernunft, nach der sich staatliches Handeln ausrichtete.

Der Historiker Otto Hintze – auch er ein Verfechter der geopolitischen Argumentation – hat die Gründe für den Unterschied der angelsächsischen Konzeption von den Grenzen der Macht (insular und maritim) und der Souveränitätstheorie des Kontinentalstaats aufgezeigt. Dabei hat er die Ursachen für die Schwierigkeiten untersucht, die die modernen Verfassungsprinzipien hatten, sich auf dem europäischen Festland durchzusetzen. Dies traf besonders auf Deutschland zu. Denn hier erwies sich als Haupthindernis jene »maßgebende Stellung des stehenden Heeres mit seiner Kommandogewalt und der militärischen Interessen überhaupt in dem Ganzen des staatlichen Lebens. Sie war auf dem Kontinent bedingt durch die beständige Kriegsgefahr, die hier herrschte, während das insular gesicherte Großbritannien und die amerikanische Union, die keinen ebenbürtigen Nachbarn an ihren Grenzen hatte, von einem solchen Militarismus frei bleiben konnten und dadurch eine ganz andere, freiere Haltung in ihrem staatlichen Leben gewannen.«[39]

Der angelsächsische Konstitutionalismus und die angelsächsische Freiheit sind gegründet »auf das Wasser« oder besser auf das Meer. Auch das »demokratische« Athen war nicht zufällig in seinem Wesen eine Seemacht, im Gegensatz zum dorischen Sparta. Und das läßt sich sehr einfach erklären: Auch die mächtigste Flotte ist wenig geeignet, im Innern Polizeiaufgaben gegen disziplinlose Bürger zu übernehmen. Die »natürliche« europäisch-kontinentale Neigung zur Vorrangstellung des Landheers und des militärischen Faktors ist gewöhnlich auch von einer feindlichen Tendenz gegenüber »Andersartigen« begleitet: Der schrecklichste Beweis hierfür ist der Antisemitismus. Unter den besonderen geographischen Bedingungen Deutschlands (»Es ist eine schon von Seely hervorgehobene historische Regel, daß das Maß der Freiheit in einem Lande umgekehrt proportional ist zu dem militärisch-politischen Druck, der auf seinen Grenzen lastet«[40]) transformierte sich diese Neigung in einen für das gesamte politische Leben entscheidenden Faktor, zuerst Preußens, dann des Reichs; transformierte sich zum Haß gegen die dialogisch-universalistischen Werte, die die Tradition der liberalen Aufklärung hochgehalten hatte. Es genügt, Ernst Jünger oder den jungen Thomas Mann zu lesen; nach letzterem ist es eine Tatsache, daß »in Deutschland die Bejahung des Nationalen die Verneinung der Politik und der Demokratie in sich schließt«.[41]

Dies ist eine der möglichen Erklärungen dafür, warum der Gründermythos des bismarckschen und wilhelminischen Deutschland, das als Folge der Katastrophe von 1945 endgültig unterging, nicht wie im Falle der Grande Nation die Vorstellung des mündigen Bürgers war, sondern die des Primats des nationalen Gewaltstaats, der sich mit seiner Stärke gegen die als bedrohlich und aggressiv empfundene »geopolitische Umwelt« durchsetzte: »Das industrielle Deutschland mit allen Massen, die es umfaßt, hat seinen Willen und seine Kraft gezeigt, den deutschen Nationalstaat gegen eine Welt von Feinden zu verteidigen.«[42] Zu seinem Unheil begann Deutschland, als es Reich geworden war, sich im Mut der Verzweiflung und in rhetorischer Dummheit zu üben: »In dem kommenden Jahrhundert wird das deutsche Volk Hammer oder Amboß sein.« Das verkündete von Bülow Ende der neunziger Jahre.

Die Durchsetzung des Verhaltenskodexes jener Gesellschaft, die Norbert Elias in seinem letzten Werk als »satisfaktionsfähige Gesellschaft« definierte, prägte entscheidend Werte und Kultur der Mittelklassen und vor allem die glühend nationalistische und illiberale Einstellung der Akademikerschicht und der Intellektuellen des bismarckschen und wilhelminischen Deutschland ganz allgemein. Diese waren ihrerseits die wichtigsten Mittler, die eine tiefe Abneigung gegen die liberaldemokratische Kultur, den Haß gegen die westlichen Werte und schließlich den Antisemitismus in der Masse verbreiteten. Im Zusammenhang dessen, was wir zum Gewicht des geopolitischen Elements gesagt haben, ist es interessant, Elias zu hören. Dieser hatte nach Gründen gesucht für die Durchsetzung »der Gesellschaft derjenigen, die das Recht und die Pflicht hatten, Satisfaktion zu geben, die das Privileg hatten, von jedem anderen Mitglied dieser Gesellschaft Genugtuung mit der Waffe in der Hand zu verlangen, falls sie sich von ihm beleidigt fühlten, und die umgekehrt auch ihrerseits verpflichtet waren, sich anderen Zugehörigen der satisfaktionsfähigen Gesellschaft zum Zweikampf zu stellen, wenn diese sich von ihnen in ihrer Ehre gekränkt fühlten«.[43] Bei der Suche nach solchen Gründen sah sich Elias gezwungen, auch den Gegensatz zwischen Land und Meer in seine Überlegungen einzubeziehen. Seiner Meinung nach zeigte sich die Dynamik, die in der zweiten Hälfte des vorigen Jahrhunderts die aufsehenerregende politische Niederlage des Bürgertums und die Durchsetzung des Junkers brachte, in dem Sieg, den in Deutschland das Land über das Meer davontrug – dies die genaue Umkehrung dessen, was in England geschehen war: »Selbst aus dem Kanon der Landoffiziere verschwand der Zwang zum Duell in England schon um die Mitte des 19. Jahrhunderts (...) Die Tatsache, daß seit dem 17. Jahrhundert die »Seearmee« – l'armée navale, the Navy – als Verteidigungs- und Angriffswaffe in England den Primat über die Landarmee errang, war dabei von wesentlicher Bedeutung.«[44]

Zum Schluß noch eine letzte Kuriosität. Niemand hat anscheinend bemerkt, daß die von Elias vorgebrachte Interpretation – ohne einen Hinweis seinerseits – der klassischen Diagnose der vornazistischen deutschen Gesellschaft folgte, enthalten in einem grundlegenden Aufsatz von Talcott Parsons. Im Zentrum der Überlegungen des amerikanischen Soziologen steht nämlich die Untersuchung der Konsequenzen, die das enorme politische Gewicht des Adels auf die deutsche Gesellschaft hatte: »Wegen seiner Verbindung mit dem Junker-Adel stellte das deutsche Offizierskorps, besonders das preußische, nicht das gewöhnliche Berufsmilitär dar in dem Sinne, wie das für unser reguläres Heer galt.« Es hatte zum Beispiel eine unmittelbare Verfassungsrolle, die es mittels seiner Treuebindung an den Kaiser zur Geltung brachte. Gestützt auf seine überlegene Stellung, nahm es einen Lebensstil an, der in Gegensatz zu allem stand, was »bürgerlich« war, das heißt, es verachtete Industrie und Handel, die bürgerlichen Tugenden und die liberal-humanistische Kultur: »Und das auffälligste Symbol dieses Unterschiedes war vielleicht« – so schließt Parsons – »das Duell und die Rolle, die ihm vom Ehrenkodex zugeteilt wurde. Das wichtigste Kriteritum für die Anerkennung von Standesgleichheit war die *Satisfaktionsfähigkeit*, das heißt, die Annehmbarkeit eines Gegners in einer Ehrensache.«[45]

Die Hoffnung Weimar

Es ist richtig, Geschichte geschieht nicht mit dem Wort »wenn«. Deshalb ist es nutzlos, sich zu fragen, was geschehen wäre, wenn die Weimarer Republik nicht gescheitert wäre und inwiefern das zwanzigste Jahrhundert dann einen anderen Verlauf genommen hätte. Das Problem jedoch bleibt, die Akten über dem Fall Weimar sind immer noch nicht geschlossen. Sie bereiten Ärger, weil sie sich oberflächlichen, bequemen Darstellungen der deutschen Geschichte entziehen und zugleich schlimme Schuldgefühle im europäischen Bewußtsein erzeugen. Weimar ist vieles gewesen. Vielleicht zu vieles. Ein Konzentrat von Widersprüchen. Dafür ein schlagendes Beispiel. 1927: Die große Inflation ist nur noch schreckliche Erinnerung. Von der großen Depression gibt es noch keine Anzeichen. Um den Jargon zu benutzen, der bei den

Kommunisten beliebt war: Wir befinden uns in einer »vorübergehenden kapitalistischen Stabilisierung«. Die Republik scheint also tatsächlich funktionieren zu können. Im selben Jahr erscheinen jedoch zwei Schriften, von denen eine jede auf ihre Weise dazu ausersehen ist, Geschichte zu machen, zwei Schriften, die Zeichen eines tiefen, nicht überbrückbaren Gegensatzes sind, Zeugnis für zwei entgegengesetzte Diagnosen der Epoche, aus denen sich unvereinbare Haltungen gegenüber der Moderne ableiteten. Rudolf Hilferding, der Finanzexperte der Sozialisten, konzipierte für den Kieler Kongreß der SPD ein Einführungsreferat mit dem Titel »Der organisierte Kapitalismus«. Darin untersucht er die Veränderungen, die in den Produktionsbedingungen stattfanden, diskutiert die sich daraus ableitenden möglichen Konsequenzen und weist auf die neuen Probleme hin, mit denen die Arbeiterbewegung sich würde auseinandersetzen müssen. Trotz einiger Naivität und eines fragwürdigen evolutionistischen Optimismus erscheinen uns Hilferdings Analysen im großen und ganzen als die Vorwegnahme einer ganzen Forschungsrichtung, nämlich derjenigen, die dann Schumpeter weiterentwickelte, auch er nicht zufällig Exsozialist österreichischer Herkunft. Wie Hilferding hatte Schumpeter die unmittelbare Erfahrung der *Sozialisierung* der Produktion gemacht, die nach dem Ersten Weltkrieg erfolglos versucht worden war. Darüber hinaus hatte Hilferding das Verdienst, die Aufmerksamkeit auf die strukturelle Veränderung zu lenken, die innerhalb der Institutionen der modernen Demokratie stattfand. Seiner Ansicht nach verwandelte sich die traditionelle parlamentarische Demokratie, die liberal und repräsentativ war, als »rationalisierte Erscheinung der plebiszitären Demokratie« (Gerhard Leibholz) in einen »Parteienstaat«.

Ebenfalls im Jahre 1927 veröffentlichte Martin Heidegger »Sein und Zeit« und widmete es Edmund Husserl. In diesem Werk findet sich eine Vorahnung von der großen geistigen Krise, welche das Heraufziehen der Massengesellschaft mit sich bringen würde: »Gerede, Neugier und Zweideutigkeit charakterisieren die Weise, in der das Dasein alltäglich sein ›Da‹, die Erschlossenheit des In-der-Welt-Seins ist. Diese Charaktere sind als existentielle Bestimmtheit am Dasein nicht vorhanden, sie machen dessen Sein nicht aus. In ihnen und in ihrem seinsmäßigen Zusammenhang enthüllt sich eine Grundart des Seins der Alltäglichkeit, die wir das ›Verfallen‹ des Daseins nennen.«[46] Das »Verfallen« und die »Geworfenheit« – hinter der dunklen orphischen Sprache, die der »Magier von Meßkirch« zu gebrauchen liebte, steht die radikalste Kritik an der Moderne, wie sie noch nie in unserem Jahrhundert von einem Philosophen vorgebracht wurde. Beide, Hilferding und Heidegger, erfassen intuitiv, daß sich für die Weimarer Republik und für Europa jene Jahre ankündigen, die Spengler »die Jahre der Entscheidung« nennen wird. Ihre Perspektiven jedoch sind einander entgegengesetzt. Die Heideggers erwies sich als siegreich, jedenfalls schien sie mehr mit dem Zeitgeist übereinzustimmen. Heute wissen wir, daß es eine tragische Illusion war (die einige Philosophen der Linken unverständlicherweise immer noch zu faszinieren scheint). »Nicht Heidegger hat ›sich selbst mißverstanden‹, als er für Hitler eintrat ..., sondern diejenigen haben ihn nicht verstanden, die nicht begriffen, warum er dies tun konnte.«[47] Dieser endgültige Schiedsspruch Karl Löwiths macht den endlosen Querelen um die Beziehung zwischen Heidegger und dem Nationalsozialismus ein für allemal ein Ende.[48]

Aber kehren wir zurück zur Weimarer Republik.

Es waren Jahre großartiger künstlerischer und kultureller Blüte. Vielleicht die außerordentlichste Episode geistiger Freiheit, die Europa je erlebt hat. Nach dem Ersten Weltkrieg wurde Berlin zur Hauptstadt der Moderne, es löste Paris darin ab und ging New York voraus. (Unvergeßlich die Beschreibung, die Joseph Roth in »Die Flucht ohne Ende« von der geistigen Atmosphäre jener Jahre gegeben hat.) So entstand »die Legende der Weimarer Republik«, der »goldenen zwanziger Jahre«. »Es war eine Zeit des Experimentierens, eine ruhelose, extrovertierte Epoche, ... reich an Begabungen, bar echten Genies, faszinierend, von Leben vibrierend, bei aller Aufgeschlossenheit Einflüssen von außen gegenüber doch in vielerlei Hinsicht von sehr deutscher Art ... Insofern Weimars Anziehungskraft universell war, ist sein Erbe in den allgemeinen kulturellen Bestand unserer Zeit fest eingebettet.« So beendet Walter Laqueur sein Buch über die Kultur der Weimarer Republik.[49]

Aber wer jemals Gelegenheit hatte, Fritz Langs filmisches Meisterwerk »Metropolis« zu sehen, weiß sehr gut, daß die erste deutsche Republik vor allem ein phantastisches Labor war, in dem ein großartiges politisches und soziales Experiment stattfand. Außerdem war sie das spektakulärste Beispiel für »Niedergang und Tod« einer modernen Demokratie, war sie die *case study*, die jedem guten Politologen eine günstige Gelegenheit bot, sich an ihr zu versuchen. Nach dem Ersten Weltkrieg war Weimar in Europa der einzige Versuch, dem durch die Krise der klassischen liberalen Staatsformen bedingten Abdriften ins Totalitäre zu entkommen, und zugleich die erste wirkliche Erfahrung mit der demokratischen Massengesellschaft, eine konkrete Alternative zum Faschismus und Kommunismus. Und das mit einem Vorsprung von vielen Jahren im Vergleich zu Roosevelts *New*

Deal und der kurzen Erfahrung der französischen *front populaire*. In dem ersten »sozialen Rechtsstaat« nach der klassischen Definition von Hermann Heller erfuhr der Bereich der Bürgerrechte eine enorme Erweiterung und erwarb auf diese Weise eine neue Dimension hinzu: Zu den klassischen Rechten der Freiheit, die die Französische Revolution durchgesetzt hatte, kamen die Rechte der wirtschaftlichen und sozialen Gleichheit hinzu. Ein erster Schritt von einer rein negativen (Freiheit von) zu einer positiven Freiheitsauffassung. Auf diese Weise wurde, wenn auch nur teilweise, die traditionelle »bürgerliche« Trennung zwischen öffentlichem und privatem Recht aufgehoben.

Heute würde man diesen Vorgang eine Implementierung der Staatsbürgerrechte nennen. Zum ersten Mal in der Geschichte mußte die Idee der Freiheit nicht mehr vor den Toren der Fabriken haltmachen, wie es in der von Marx im »Kapital« analysierten Gesellschaft noch geschah. Der soziale Kompromiß, der das Fundament des Verfassungsgebäudes war, sah die Möglichkeit der Mitbestimmung der Arbeiter in Fragen der Produktion und der Verteilung des Reichtums vor. Der Besitzer wurde vom absoluten Herrscher zum konstitutionellen Monarchen, und der Arbeiter – derjenige, der tatsächlich im Schweiß seines Angesichts arbeitete, natürlich nicht jener, den Ernst Jünger metaphysisch verklärt – wurde seinerseits ein bißchen mehr Bürger. Die von der Weimarer Republik versuchte »kollektive Demokratie« (Ernst Fränkel) erscheint uns heute als die einzige noch praktikable Alternative, als nachahmenswertes Beispiel. Außer ihr gab es (und gibt es) nur die brutalere Reaktion, die Rückkehr der Arbeiterklasse in die Sklaverei. Oder die Illusion einer Flucht nach vorn, in Chaos und Diktatur, in Faschismus und Leninismus.

Es handelte sich im Falle der Weimarer Republik also um eine echte Revolution, um die einzige, die diesen Namen verdient. Sie war die einzige soziale und politische Erfahrung der zwanziger und dreißiger Jahre, die etwas Positives hinterließ. Sie war ein großes Experiment, von dem die sozialdemokratische Arbeiterbewegung im Europa der Nachkriegszeit dann profitieren konnte. In Weimar wurde der Wohlfahrtsstaat geboren. Und deshalb bedeutete es auch noch unter einem anderen Aspekt einen Neubeginn: Es stellte eine radikale Zäsur dar im Kontinuum der deutschen Geschichte, die auf die Geburt eines anderen Deutschland vorauswies. »Eine Epoche seelischer Erholung, des gesellschaftlichen Fortschritts in Frieden und Freiheit schien uns Deutschen zu dämmern. ... dies war ... die Hoffnung der deutschen Republik, ... Sie war ein Versuch ... zur Normalisierung Deutschlands im Sinne seiner Europäisierung oder auch ›Demokratisierung‹«. Diese Hoffnung, von der Thomas Mann im »Doktor Faustus« spricht, konnte nicht – wie es allzuhäufig geschieht – einfach vergessen, oder schlimmer noch, einfach verlacht werden, nur deswegen, weil sie am Ende nur eine Hoffnung geblieben war. Gewiß, damals trog die Hoffnung, »Goethes und Bismarcks Erbe in uns harmonisch zu vereinigen«, um eine geglückte Wendung Meineckes zu benutzen.[50] Und dennoch, trotz des Mißerfolgs tauchte die Erinnerung an jene Erfahrung noch aus der Finsternis der Diktatur und aus den Schrecken des Krieges wieder auf, wurde zur Prophezeiung. Sie sollte sich erfüllen in der zweiten deutschen Republik. Bonn wurde so die Erbin von Weimar. »Weimar war nicht nur die Vorgeschichte des ›Dritten Reichs‹, sondern auch die Nachgeschichte des Kaiserreichs. Beides läßt sich nicht voneinander trennen, aber in beidem geht Weimar nicht auf. Weimar war ›auch‹ die erste große Chance der Deutschen, parlamentarische Demokratie zu lernen, und insofern gehört Weimar zur Vorgeschichte der ›alten‹ Bundesrepublik.«[51]

Weimar stellte also den Versuch Deutschlands dar, sich von der eigenen Vergangenheit zu lösen, um sich dem Westen anzugleichen und damit aufzuhören, der »Sonderfall« der europäischen Geschichte zu sein. Wie Talcott Parsons bemerkte, »hatte die Revolution von 1918 den unmittelbaren Effekt, Deutschland zu ›demokratisieren‹, das ›feudale‹ Element zu entmachten und Deutschland unter die anderen fortschrittlichen Industrienationen der westlichen Welt einzureihen«.[52]

Nun war (und ist immer noch) dieser erste deutsche Versuch, die liberale demokratische Gesellschaft zu verwirklichen, Gegenstand kühlen Desinteresses, wenn nicht sogar offener Verleumdung und polemischer Mißinterpretation. Daß die Rechte Weimar haßt, ist bekannt und naheliegend. Das Problem ist, daß auch die linke Intelligenz Weimar nie geliebt hat. Gleichgültigkeit und ideologisches Vorurteil, das sind die Gefühle jener, die doch für seine Verteidigung hätten eintreten müssen. Und was noch schwerwiegender ist: Diese fragwürdige Haltung hat sich auch nach dem Zweiten Weltkrieg fortgesetzt und weite Teile der Linken beeinflußt. Weimar wirkt wie eine Art Lackmuspapier: Es läßt die »Stimmungssäfte« der Linken reagieren und legt dabei ihre unklare, zweideutige Beziehung zur Moderne bloß. In der voreingenommenen Ablehnung, die der größte Teil der deutschen Linken zeigt, wenn es um die Erfahrungen mit der ersten deutschen Republik geht, liegt etwas Pathologisches. Es handelt sich um einen klassischen Fall von Niederlage-Syndrom, um den Nachweis, daß die Linke Opfer eines nicht unterdrückbaren Selbstzerstörungswunsches ist, eines masochistischen Strebens, ihre natürliche Neigung, in der Minderheit und für sich zu sein, zum universalen Gesetz zu erheben.

Die Beschuldigung, die die Republik seit ihren Anfängen begleitete (und die auch heute noch im Umlauf ist), war jene klassische, deren sich die unbelehrbaren »Altlinken« zu bedienen pflegen, wenn ihnen keine besseren Argumente einfallen: Weimar habe die Erwartungen der Arbeiterklasse verraten. Es sei eine Art »Reich in Verkleidung« gewesen, ein Zwitter ohne jeglichen revolutionären Geist, das Ergebnis von Verhandlungen und Übereinkommen zwischen den verschiedenen Klassen und den politischen Kräften und nicht der befreiende Akt einer wirklichen Revolution. Carl Schmitt, der große Feind der Weimarer Republik (dieser expressionistische Donoso Cortes), nannte die Verfassung von 1919 verächtlich eine »Verfassung ohne Entscheidung«. Eine Verurteilung, der sich ohne großen Unterschied seine Schüler und Freunde auf der Linken anschlossen, von Otto Kirchheimer bis Walter Benjamin.

Sehr selten jedoch waren die Stimmen, die sich zu ihrer Verteidigung erhoben. Noch weniger zahlreich waren jene, die wie Fränkel, Cassirer oder Kelsen in der Lage waren, gerade in ihrer »kompromißhaften« Natur das Neue zu sehen, die Erneuerung, welche die Verfassung von 1919 darstellte. Sie nahm etwas vorweg, was nach dem Zweiten Weltkrieg eine Selbstverständlichkeit sein sollte: die Erkenntnis, daß für eine moderne Massendemokratie die einzige Möglichkeit zu existieren darin besteht, »den kategorischen Imperativ des Ausgleichs, und zwar nicht zwischen verwandten, sondern zwischen entgegengesetzten Interessen und Überzeugungen«[53] anzuerkennen und sich zu eigen zu machen.

Die Niederlage der Republik im Jahre 1933 und

der Anbruch des Nationalsozialismus bedeuteten für die linken Kritiker die endgültige Bestätigung, daß ihre Diagnose richtig gewesen war. Im Grunde lastet diese Verurteilung noch heute auf dem Experiment Weimar und bestätigt, daß die Hegemonie, die ideologisch entschlossene Kreise der Linken auf die europäische Kultur der Nachkriegszeit ausübten, immer noch fortgesetzt wird. So gibt es zum Beispiel zu denken, daß noch in den siebziger Jahren die Werke Gramscis oder Otto Bauers (ganz zu schweigen von der Beachtung, die sogar Lin Piao oder Kim Il Sung fanden) Ziele geistiger Wallfahrten waren, die Intellektuelle der »nichtrevisionistischen Linken« unternahmen, während über das Experiment Weimar und über die Werke von Autoren wie Sinzheimer oder Hilferding, Cassirer oder Kelsen ein dichter Mantel des Schweigens gebreitet oder, schlimmer noch, eine Art vorbeugender Zensur verhängt wurde. Die Theoretiker der Weimarer Sozialdemokratie wurden von neomarxistischen Autoren angeklagt, sie seien »nützliche Idioten« gewesen und hätten sich »objektiv« in »Ärzte am Bett des sterbenden Kapitalismus« transfomiert. In einigen Fällen ging man so weit, sie für Hitlers Aufstieg zur Macht mitverantwortlich zu machen.

Natürlich haben die Greuel der Nazizeit mitgeholfen, das Experiment zu verdrängen, das die wichtigste Vorwegnahme, ein Stück Vorgeschichte dessen ist, was wir »das andere Deutschland« nannten. Aber warum darf man zum Beispiel nicht erwähnen, daß die kurzlebige und schwache Republik trotz allem länger dauerte als das Hitlerregime, den Krieg eingeschlossen?

Vielleicht weil es schwer ist zuzugeben, daß die ihr Geschick entscheidende Hypothek, der wahre Grund für das Scheitern der Weimarer Republik nicht »fehlender revolutionärer Geist« war. Nie war eine Kritik ungerechtfertigter. Denken wir nur an die Ablehnung, mit der man innerhalb der – leider sehr umfangreichen – konservativen Kreise der Bevölkerung auf sie reagierte. Es geschah gerade, weil sie im Vergleich zu den politischen und konstitutionellen deutschen Traditionen viele radikal neue Elemente enthielt, die die Verfassung von 1919 eingeführt hatte. Aus demselben Grunde wurde sie Gegenstand der heftigsten Diffamierungskampagne, in der man sie beschuldigte, eine »importierte Demokratie«, eine von den Siegern aufgezwungene »Fremddemokratie« zu sein. Natürlich bedeutet dies nicht, daß die SPD keine gravierenden Fehler begangen hätte. Den schwersten zeigte Hilferding selbstkritisch in dem von ihm entworfenen »Praga-Manifest« der Exil-SPD vom Januar 1934 auf: »Daß sie (die Republik) den alten Staatsapparat fast unverändert übernahm, war der schwere historische Fehler, den die während des Krieges desorientierte deutsche Arbeiterbewegung beging.«

In Wirklichkeit wurde das Todesurteil über Weimar in Versailles gefällt, wie Keynes sofort erkannte, vom verständlichen, aber blinden Geist der Rache an Deutschland. »Wer weiß, wie sich die erste deutsche Demokratie entwickelt hätte«, fragte sich Hagen Schulze, »wenn einem Ebert, einem Stresemann, einem Brüning auch nur ein kleines bißchen von dem Wohlwollen der Alliierten geschenkt worden wäre, von dem Adenauer profitierte.« Oder wenn Frankreich und England bereit gewesen wären, ihnen die gleichen Zugeständnisse zu machen, die sie später Hitler machten. Ähnlicher Ansicht ist Canetti, wenn er im Kapitel »Das Deutschland von Versailles« in »Masse und Macht« schreibt: »Aber nie hätte Hitler sein Ziel erreicht, wenn der Versailler Vertrag die Armee der Deutschen nicht aufgelöst hätte. (...) Das Verbot der allgemeinen Wehrpflicht ist die ›Geburt‹ des Nationalsozialismus.«[54]

Und wer weiß, was geschehen wäre, wenn die Ideologen der Linken, statt sich an einer destruktiven Übung in revolutionärer Geistesgymnastik zu delektieren und der Faszination eines ästhetisierenden politischen Expressionismus nachzugeben, die Republik unterstützt hätten? Ja, wer weiß? Soviel steht fest: Um die wilde Entschlossenheit, die Noske zeigte, als er den Spartakusaufstand niederschlug, oder um den langweiligen Fortschrittsoptimismus der Sozialdemokratie »schlucken« zu können, braucht es nicht nur einen eisernen Magen, sondern auch ein eisernes Gewissen. Aber man muß zugeben, daß viele von denen, die sich damals im Namen der hehren Prinzipien der Revolution großartig verweigerten, diese Fähigkeit besaßen und bewiesen, als es später um die Entscheidung ging, »den Sozialismus in einem Land« aufzubauen oder die Stalinschen Prozesse zu rechtfertigen.

Eine letzte Überlegung. Es ist bekannt, daß die Weimarer Republik, von ihren reaktionären Feinden als *jüdische Republik* gebrandmarkt – ihr erster Außenminister Walther Rathenau wurde ermordet, weil er Jude war –, in entscheidender Weise vom deutschen Judentum beeinflußt war. Wie George Mosse schrieb: »Sie war in großem Maße die Schöpfung von Linksintellektuellen, unter welchen eine so unverhältnismäßig große Anzahl von Juden war, daß die Kultur von Weimar etwas maliziös ein interner jüdischer Dialog genannt wurde!«[55] Die Behauptung trifft sicher zu, sagt aber nicht die ganze Wahrheit, es sei denn, man gibt dem Begriff »Dialog« übertragene Bedeutung. In Wirklichkeit war über Weimar und über die Beurteilung dieses Experiments gerade innerhalb des deutschen Judentums ein richtiger »geistiger Bürgerkrieg« entbrannt: unter den entschiedensten Verteidigern und den hartnäckigsten Verleumdern Weimars waren gerade die Juden stark vertreten. Cassirer, Fränkel, Sinzheimer auf der einen Seite, um nur einige Namen zu nennen, Marcuse, Horkheimer, Adorno auf der anderen. In denselben Jahren, in denen in Hamburg das große Experiment um die Bibliothek Aby Warburgs begann, des einzigen Intellektuellen in einer kultivierten Familie jüdischer Bankiers, erlaubte die Unterstützung eines reichen jüdischen Mäzens in Frankfurt die Entstehung des »Instituts für Sozialforschung«. In seinen Memoiren berichtet Gershom Scholem: »Ich pflegte die drei Gruppen um die Bibliothek Warburg, um das Institut für Sozialforschung von Max Horkheimer und die metaphysischen Magier um Oskar Goldberg als die drei bemerkenswertesten ›jüdischen Sekten‹ zu definieren, die das deutsche Judentum hervorgebracht hat.«[56]

Dieser ganze widersprüchliche Reichtum und das Vorhandensein entgegengesetzter politischer und philosophischer Optionen sogar innerhalb der jüdischen Weimarer Kultur selbst – davon war lange Zeit nicht einmal die Erinnerung geblieben. Zum Beispiel wußte außer ein paar Wissenschaftlern, die über Panofski arbeiteten, niemand etwas von der Existenz einer anderen jüdischen Tradition in Weimar, einer neokantianischen, liberalen und aufklärerischen: eben der des Instituts von Aby Warburg, das lange Zeit von Ernst Cassirer geleitet wurde. Nach dem Krieg tauchte nur der Flügel der hegelianisch-marxistischen Richtung wieder auf, und es blieb nicht ohne Konsequenzen für die Bildung der kulturellen Identität der öffentlichen fortschrittlichen Meinung in Deutschland und Europa. Und es ist also kein Zufall, wenn gerade heute im Zusammenhang des Niedergangs der großen »Metaerzählungen«, jetzt da die alternativen Metaphysiken nach dem Fall der Mauer viel von ihrer Faszination verloren zu haben scheinen, die Aufmerksamkeit der Wissenschaftler dahin zurückkehrt, die vergessenen Aspekte der Begriffsreflexion aus der Weimarer Zeit neu zu entdecken, und wieder jene Autoren zu lesen, die, früher als Produkte eines späten 19. Jahrhunderts abgetan, gerade imstande zu sein scheinen, auf die neuen Fragen der Zeit nach 1900 eine Antwort zu geben.

Und trotzdem bleibt eine Frage nach dem Ende von Weimar bestehen: Es ist nicht die Frage nach dem »Warum«, sondern die Frage nach dem »Wie«. Nicht die Tatsache, daß Weimar eine Niederlage erlitt, beunruhigt. Vielleicht war sie in jener Situation unvermeidlich. Als zum geheimen Groll gegen Versailles noch die große Krise von 1929 kam, gab es für die erste deutsche Republik keine Rettung mehr. Aber was noch heute jeden beunruhigt, der über Deutschland nachdenkt, ist die Form, die der Zusammenbruch der demokratischen Republik annahm. Kurz, es ist die angsterfüllte Frage, die Talcott Parsons am Ende seines Aufsatzes von 1942 stellt: Warum sich die Transformation Deutschlands im demokratischen und westlichen Sinn »als so unstabil erwiesen hat und warum es plötzlich hin zu der radikal illiberalsten und antidemokratischsten Bewegung der modernen Geschichte eine Kehrtwendung gemacht hat, ist sicher eine der entscheidendsten Fragen unserer Zeit.«[57] Hitler gelang es tatsächlich, die tief in der deutschen Gesellschaft verwurzelten romantischen Tendenzen für sich zu mobilisieren, die den westlichen Werten entgegenstehen und so die Aussicht auf eine »reaktionäre Modernisierung« begünstigten. Weimar ging nicht an zuviel Kapitalismus zugrunde, sondern an zuwenig liberalem Geist. Ein in der deutschen Kultur vorhandenes übersteigertes Gemeinschaftsgefühl entschied darüber, wie sie enden sollte, nicht der Grad der Ausbeutung des Proletariats. »Deutschlands Schicksal ist die Geographie«, schrieb Hagen Schulze, »aber wegen der damit eng verknüpften geistigen Dispositionen, die westlichen Denkmustern und so auch den ideologischen Voraussetzungen der parlamentarischen Demokratie ungünstig waren.«[58]

Ausgerechnet um den tiefen geistigen Wandel aufzuzeigen, der in der deutschen Gesellschaft vor sich ging, in der nach 1945 der Grad des Individualismus endlich den seiner holistischen Komponente übertraf, sind wir zu einer geographischen Metapher zurückgekehrt: der ihrer »Verwestlichung«. »In der Preisgabe eines spezifisch deutschen Sonderbewußtseins und in dem deutlich formulierten Bekenntnis zu den Ideen und Werten der westlichen Zivilisation und Demokratie liegt die entscheidende Wende in der neuesten deutschen Geschichte, kraft deren es möglich wurde, daß die 1949 entstandene Bundesrepublik Deutschland zum ersten Mal in Deutschlands nationaler Geschichte ein integraler Bestandteil der westlichen Zivilisation ist.«[59]

»Der Tod ist ein Meister aus Deutschland«

Er ruft spielt süßer den Tod der Tod ist ein Meister aus Deutschland
er ruft streicht dunkler die Geigen dann steigt ihr als Rauch in die Luft
dann habt ihr ein Grab in den Wolken da liegt man nicht eng

Schwarze Milch der Frühe wir trinken dich nachts
wir trinken dich mittags der Tod ist ein Meister aus Deutschland

wir trinken dich abends und morgens wir trinken und trinken
der Tod ist ein Meister aus Deutschland sein Auge ist blau
er trifft dich mit bleierner Kugel er trifft dich genau
ein Mann wohnt im Haus dein goldenes Haar Margarete
er hetzt seine Rüden auf uns er schenkt uns ein Grab in der Luft
er spielt mit den Schlangen und träumet der Tod ist ein Meister aus Deutschland

Paul Celan, Todesfuge

»Niemand konnte sich Auschwitz vorstellen, bevor es Wirklichkeit wurde«, so ist einmal geschrieben worden. Und obwohl ein halbes Jahrhundert seit jenem Januar 1942 vergangen ist, als man in einer Villa am Wannsee die »Endlösung« beschloß, ist das Unternehmen, den Holocaust verstehen zu wollen, noch immer zum Scheitern verurteilt. Wie es Dolf Sternberger ausdrückte: »Auschwitz ist weder zu erklären noch zu verstehen.«

Aber gerade diese Unverständlichkeit, diese offenkundige Sinnlosigkeit des größten Verbrechens, das die Menschheit gegen sich selbst beging, ist letztlich der wichtigste Grund für Angst und Schrecken. Wenn der Mensch feststellen muß, daß seine Fähigkeit zum Verbrechen seine Vorstellungskraft weit übersteigt, dann wird diese Feststellung von einem Gefühl schmerzlicher Ohnmacht begleitet, das so stark werden kann, daß die übergroße Last der Erinnerung dem Leben seinen Sinn nimmt. Die einzige Hoffnung auf Erlösung besteht dann darin, sich für den Tod zu entscheiden. Eine Schlußfolgerung, zu der viele gelangten. Eine letzte verzweifelte Geste des Protests und zugleich des solidarischen Gedenkens an die Millionen Opfer des Holocaust. So hat Paul Celan den Tod in den Wassern der Seine gewählt.

Zum gleichen Entschluß kam Peter Szondi. Marino Freschi, Schüler des großen jüdischen Kritikers aus Budapest und Zeuge seines letzten Lebenstages, erinnert sich: »Mit seinem Verschwinden im Wasser des Wannsees zog Peter Szondi eine logische Konsequenz: Seine Tat besiegelte das Scheitern einer Epoche und einer Generation und war zugleich eine unüberhörbare Aufforderung sich zu erinnern.«[60] Dies war auch der letzte Schmerzensschrei Primo Levis: »Es ist geschehen, und folglich kann es wieder geschehen, es kann geschehen überall.«

Die Ungeheuerlichkeit des Verbrechens, für das Auschwitz die grausige Metapher wurde, hat solche Ausmaße, daß es die alte Frage der Theodizee wieder wachrief: Wie läßt sich die Existenz Gottes mit einer solchen Realität des Bösen vereinen? »Es ist die Tatsache und das Gelingen des gewollt Bösen, viel mehr als die Heimsuchungen der blinden Natur-Kausalität – Auschwitz und nicht das Erdbeben von Lissabon –, womit jüdische Theologie heute zu ringen hat«, schrieb Hans Jonas, der Philosoph des »Prinzips Verantwortung«, der Studiengefährte von Hannah Arendt (deren ehemaliger Lehrer Martin Heidegger es nie für nötig hielt, ihr zum Tod ihrer Mutter in Auschwitz auch nur ein Wort der Anteilnahme zu sagen). Nein, nicht mehr mit Tod und Zerstörung, die ein Erdbeben verursachte, sondern mit Massakern, die der Verstand plante und die Technik ausführte. Nicht mehr mit der schrecklichen »Großartigkeit« des Bösen, sondern im Gegenteil mit ihrer »Banalität«. Konsequenterweise mußte Jonas, vor die schreckliche Frage gestellt, warum Gott geschwiegen habe, warum er angesichts der Schmerzen seiner Kinder stumm geblieben sei, die radikalste Schlußfolgerung ziehen, um weiter glauben zu können. Aus seinem Glauben an Gott heraus mußte er gerade im Namen der Liebe Gottes Allmacht leugnen: »Nach Auschwitz können und müssen wir mit größter Bestimmtheit behaupten, daß eine allmächtige Gottheit entweder ohne Güte oder ganz und gar unbegreiflich ist. Aber wenn Gott nur in einer bestimmten Weise und zu einem gewissen Grad begriffen werden kann, dann darf seine Güte (auf die wir nicht verzichten können) die Existenz des Bösen nicht ausschließen; und das Böse existiert nur, weil Gott nicht allmächtig ist.«[61] Nicht, weil er nicht wollte, sondern weil er nicht konnte, griff Gott nicht ein, um die Menschen zu retten.

Es mag obszön erscheinen, über Auschwitz »zu reden und zu diskutieren«, denn es gibt keine Sprache – ausgenommen vielleicht die der Poesie oder der Theologie –, die fähig wäre, das unerträgliche Grauen in Worte zu fassen, das uns bei der Erinnerung überfällt.

Und trotzdem wird man sich immer wieder aufs neue fragen müssen: Warum Auschwitz? Wie war es möglich? Und vor allem: Warum begingen die Deutschen dieses unerhörte Verbrechen, oder warum ließen sie zu, daß es geschah? »Sie alle ausnahmslos sehen die Lastwagen, auf die jüdische Kinder, vor aller Augen aus den Häusern geholt, geworfen werden, um für immer zu verschwinden.« Benns Anklage richtete sich gegen die »Agnaten der alten Familien, aus denen Novalis, Kleist, Platen, die Droste-Hülshoff kamen ..., schlagen mit die Juden tot und bereichern sich an ihren Beständen, überfallen kleine Völker und plündern sie mit der größten Selbstverständlichkeit bis aufs Letzte aus.«[62] Ja, so war es. Aber warum? Es ist schwierig und schmerzlich, über Auschwitz zu reden, aber es ist notwendig, um der Feigheit jener zu begegnen – und ihrer sind nicht wenige –, die sich in die Strategie der Verdrängung flüchten, um dem Medusenantlitz der Shoah nicht ins Gesicht sehen zu müssen.

Beschränken wir uns darauf, das Problem anzugehen, indem wir einige Betrachtungen von historischem Charakter überprüfen.

Aus verständlichen Motiven gelangte man ganz natürlich dazu, das Jahr 1945 zu einem hermeneutischen Instrument für die deutsche Geschichte zu machen, zu einem günstigen Zeitpunkt, von dem aus man die Geschichte des modernen Deutschland interpretieren konnte, die – wie schon erwähnt – auf diese Weise einfach zu einer Art Vorspiel wurde. *Post hoc ergo propter hoc.* Aber ein solches Wieder-, eigentlich Rückwärtslesen der Geschichte des modernen Deutschland erscheint problematisch. Und dies aus einer ganzen Reihe nicht nur methodologischer Gründe. An erster Stelle wäre zum Beispiel einzuwenden, daß »Auschwitz weder zufällig noch unvermeidlich« war, was Fritz Stern zu Recht betont. Oder besser, es war beides zugleich. Es war sicher das schwärzeste Kapitel der deutschen Geschichte, aber nicht ihr unvermeidliches Ende, und auch nicht ihr tragisches Finale, das schon bei der Gründung des deutschen Nationalstaats gleichsam programmiert worden war. Soviel ist richtig, niemand in Deutschland oder in Europa besaß eine solche Vorstellungskraft, daß er vor 1933 auch nur annähernd fähig gewesen wäre, das Phänomen Hitler vorauszuahnen. Der Historiker Kurt Löwenstein, Autor des berühmt gewordenen Werks »Entscheidungsjahr 1932«, berichtet, daß Juden und Deutsche in einer Art »Scheinwelt« lebten, und auch als sie allmählich merkten, daß die Dinge sich einem kritischen Punkt näherten, »konnten sie sich doch gar nicht vorstellen, daß diese Scheinwelt binnen einiger Monate oder Tage verweht sein würde ... Niemand rechnete mit der Möglichkeit eines totalitären nationalistischen Staates ..., der eine jüdische Existenz in jeder Form zu unterdrücken entschlossen war.«[63] Diese optimistische Einstellung hinsichtlich des deutschen Schicksals war übrigens noch Anfang der dreißiger Jahre weit verbreitet, vor allem unter den progressiven Intellektuellen und in den liberalen Zirkeln. Dort war man absolut überzeugt, daß das »gebildete und protestantische« Deutschland auf keinen Fall dasselbe Schicksal erleiden könnte wie das »rückständige und katholische« Italien.

Ein ebenso erstaunliches wie eindrucksvolles Beispiel für die kolossale Fehleinschätzung von Zeitzeugen gibt uns Benedetto Croce. Er berichtet von einer Deutschlandreise, die er Ende 1931 machte: »Zu Frankfurt, bei einem Empfang im Hause einer Dame, die mehrere Schriftsteller und Politiker für mich eingeladen hatte, kam die Rede auf die politischen Parteien, die sich immer schärfer bekämpften. Ich fragte einen der Gäste, den Leiter der ›Frankfurter Zeitung‹, Simon, was seiner Meinung nach geschehen würde, und er antwortete mir: ›Ich bin überzeugt davon, daß nichts geschieht. Das deutsche Volk ist sehr vernünftig.‹ Aber wenig mehr als ein Jahr später verlor er seine Zeitung und war gezwungen, Zuflucht in Frankreich zu suchen. Dieselbe nicht pessimistische Stimmung stellte ich bei anderen hervorragenden Deutschen fest, mit denen ich mich unterhielt, wie Einstein und Thomas Mann, überzeugten liberalen Geistern, die den Faschismus scharf tadelten, doch keineswegs das weit schlimmere Unheil, das Deutschland bedrohte, vorauszusehen schienen und vielleicht den ganzen Ernst der Lage erst dann einsahen, als auch sie gezwungen wurden, in die Verbannung zu gehen.«[64]

Nach den Erinnerungen Croces muß die Machtergreifung des Nationalsozialismus die öffentliche Meinung des liberalen Weimar wie ein Blitzschlag getroffen haben, wie ein schreckliches Unwetter, das unvorhergesehen und vielleicht unvorhersehbar über die deutsche Geschichte hereinbrach. Sie wurde keineswegs als Zielpunkt einer Entwicklung wahrgenommen, die tief in der Kultur und der Gesellschaft des damaligen Deutschland verwurzelt war. Natürlich überrascht uns diese Naivität heute, ist uns vielleicht unverständlich. Mit noch größerem Erstaunen müssen wir feststellen, wie die Wortführer der deutsch-jüdischen Gemeinde, die sich damals »Central-Verein deutscher Staatsbürger jüdischen Glaubens« nannte, noch 1933 nicht einmal von fern argwöhnten, daß »das Ende der tausendjährigen Geschichte der deutschen Juden« kurz bevorstand. Das war eine unglaubliche politische, historische und kulturelle Blindheit, ein absoluter Mangel an Voraussicht, der in einigen Fällen sogar tragisch paradoxe, unverzeihliche Züge annahm. Und doch auch wieder verständlich: Es handelte sich um eine schreckliche Fehleinschätzung, an der das aus der Geschichte bezogene übergroße Vertrauen schuld war und vor allem der Glaube, die Symbiose zwischen jüdischer und deutscher Kultur sei irreversibel. Natürlich hatte man die berüchtigten Worte Treitschkes »Die Juden sind unser Unglück« nicht vergessen. Und trotzdem scheint das Zugehörigkeitsgefühl zur deutschen Geschichte das Bewußtsein der Juden für die jahrhundertealten Risiken, die seit je ihre Existenz bedroht hatten, betäubt und sie dazu getrieben zu haben, die Wachsamkeitsschwelle so weit herabzusetzen, daß es ihnen nicht gelang, rechtzeitig zu bemerken, was um sie herum tatsächlich geschah. Auf dieses Mißverständnis folgte natürlich ein bitteres Erwachen: »Nach einer unbeschwerten Kindheit, in der mir mein Deutschsein ganz selbstverständlich war, erinnerten mich die Massenmedien nun täglich daran, daß ich zum unerwünschten Menschen zweiter Klasse geworden war«[65], berichtet Reinhard Bendix in seiner Biographie, der Gelehrte, der dazu beitrug, daß Amerika Max Weber kennen- und verstehen lernte.

Aber heute können wir uns nur schwer vorstellen, welchen Grad die Farbenblindheit des politischen deutschen Judentums in den Jahren der Weimarer Republik erreichte. 1926 zum Beispiel, als die Flut des Antisemitismus schon gefährlich anstieg, konstatierte Leo Baeck, das damalige Oberhaupt der jüdischen Gemeinde, zwar: »In den deutschen Gebieten greift gegenwärtig eine antisemitische Epidemie um sich.« Gleich darauf beeilte er sich jedoch, diese Erscheinung zu bagatellisieren. Er forderte dazu auf, vereinzelte Vorkommnisse nicht überzubewerten und behauptete: »Im Gegensatz zu anderen Ländern ist der deutsche Antisemitismus ein literarischer und ›geistiger‹ ... Er ist nicht Ausdruck des Empfindens breiterer Volksschichten und wird auch von ernst denkenden Menschen nicht ernster genommen als eine bloß literarische Bewegung.« Diese Naivität ging so weit, daß sie auch das leugnete, was offen vor aller Augen lag, so sehr war die Überzeugung verwurzelt, die deutsche Gesellschaft könne sich nicht von ihrer jüdischen Komponente trennen. Die deutschen Juden weigerten sich, ernst zu nehmen, was Hitler doch ganz deutlich in »Mein Kampf« als wesentliches Ziel des nationalsozialistischen Programms verkündet hatte: ihre Vernichtung nämlich. Der Historiker Hajo Bernett erwähnt, wie noch nach der Machtergreifung die meisten Gemeindemitglieder der Meinung waren, »die Bewahrung der Würde, der Ehre und des Stolzes« sei »das Gebot der Stunde«. Mit dieser Haltung hofften sie »ein ›verhandlungsfähiger Partner‹ der neuen Machthaber zu sein«. Man ging sogar noch weiter: »Indem Leo Baeck ... die ›Erneuerung Deutschlands‹ begrüßt, erhofft er ein ›aufrichtiges Verhältnis‹ zur Regierung«.[66]

In der politischen Kurzsichtigkeit gegenüber den wahren Absichten der Nazis, die das deutsche Judentum und, so muß man hinzufügen, ganz Europa bewies, liegt die eigentliche Tragödie, das Rätsel von Auschwitz. Waren diese unheilvollen Fehlurteile tatsächlich nicht zu vermeiden? Sicherlich war Deutschland bis 1933 nicht antisemitischer als Frankreich und Polen. Und auch danach änderte sich die Situation sehr langsam, dann aber, bei Ausbruch des Krieges und besonders mit Beginn der »Operation Barbarossa« im Juni 1941, geriet sie verhängnisvoll außer Kontrolle. Fritz Stern, ein deutscher Jude, der sich entschloß, Amerikaner zu werden, schrieb: »Die Nationalsozialisten selber waren sich der Monstrosität ihrer Untaten bewußt; sie jagten ihre Opfer bei ›Nacht und Nebel‹ und errichteten ihre Todeslager zumeist außerhalb der Grenzen des Reiches. Sie hatten aus der gar nicht so eindeutigen Reaktion auf die ›Reichskristallnacht‹ gelernt, daß die Deutschen in aller Öffentlichkeit verübte Gewalt nicht mochten.«[67]

Dies ist natürlich kein Freispruch für das deutsche Volk, es macht seine Schuld, falls das möglich wäre, eher noch größer. Es ist jedoch wichtig zu betonen, daß Auschwitz nicht aus der deutschen Geschichte erklärt werden kann, allenfalls aus ihrem Verrat. Das steht in Gegensatz zu dem, was normalerweise behauptet wird, wird jedoch gerade durch die schreckliche Fehleinschätzung der Juden selber bestätigt. Wenn man tatsächlich eine direkte und unzweideutige Verbindung zwischen dem deutschen »Wesen« und Auschwitz herstellen könnte, wäre übrigens alles viel einfacher. Die definitive unwiderrufliche Verurteilung des »Deutschseins« würde uns in gewisser

Weise von einem Alptraum befreien. Es könnte Auschwitz erklären. Aber leider liegen die Dinge anders.

Hitler folgte zwar auf Bismarck und wie dieser sprach er deutsch, aber das bedeutet nicht, daß der »österreichische Gefreite« dazu ausersehen war, der einzige »natürliche« Erbe der vom Eisernen Kanzler begonnenen Geschichte zu sein. Das zu behaupten bringt die sogenannte »Sozialgeschichte« fertig, eine historiographische Richtung, deren einziges Ziel zu sein scheint, die neuere deutsche Geschichte in eine Art von nächtlicher Dunkelheit zu tauchen, in der alle Katzen grau sind. Will man jedoch die teuflische, dämonische Neuheit verstehen, die der Nationalsozialismus darstellt, dann ist es im Gegenteil absolut legitim zu behaupten: Die zum totalitären Parteienstaat gewordene nationalsozialistische Bewegung praktizierte eine Politik, die einen offenen Bruch mit jenen Grundrichtungen bedeutete, an denen sich das politische Handeln Preußens und auch Bismarcks nach 1871 immer ausgerichtet hatte. Es genügt, an die Beziehung Deutschlands mit Österreich zu denken. Bismarck hatte 1866 in Sadowa den Traum von der großdeutschen Lösung zunichte gemacht, außerdem hatte er sich im dritten italienischen Unabhängigkeitskrieg unverhofft auf die Seite Italiens gestellt. Hitler hingegen nahm die großdeutsche Lösung mit dem Anschluß von 1938 wieder auf und tat damit den ersten Schritt hin zum neuen Imperium des Dritten Reichs. Dann begann der Niedergang Italiens.

In diesem Zusammenhang beeindruckt die hellsichtige Prophezeiung, die sich in einem Brief findet, der am 1. Februar 1933 geschrieben wurde, also am Tag nach der Ernennung Hitlers zum Kanzler. Ein Erzreaktionär wie General Ludendorff hielt es für seine Pflicht, an Marschall Hindenburg zu schreiben, den damaligen Reichspräsidenten und seinen direkten Vorgesetzten im Obersten Heereskommando während des Ersten Weltkrieges: »Mit der Ernennung Hitlers zum Kanzler haben Sie unser heiliges deutsches Vaterland einem der größten Demagogen aller Zeiten überantwortet. Ich prophezeie Ihnen feierlich, daß dieser ruchlose Mann unser Deutschland in einen Abgrund stürzen wird und unsere Tradition in unvorstellbares Elend. Die kommenden Generationen werden Sie noch im Grabe für diese Entscheidung verfluchen.«

Nicht der preußische Militarismus verschuldete den Holocaust, sondern der Verrat an seinen Prinzipien; begangen wurde er vom Heer selbst, das damit zum Komplizen Hitlers wurde. Nach Gottfried Benn war die deutsche Armee »bis 1938 innerhalb des Nazideutschland die letzte Elite und der letzte Kern von Fond. Der Eintritt in die Armee war, wie ich damals sagte, die aristokratische Form der Emigration. Mit dem Ausstoßen des Generalobersten Freiherrn von Fritsch begann das Ende.«[68] Nicht die vermeintliche deutsche Identität war schuld, sondern die Feigheit des deutschen Volkes und vieler Intellektueller, unter anderen Carl Schmitt, Martin Heidegger[69], Ernst Jünger und, trotz seiner späteren Selbstkritik, Gottfried Benn. Sie hatten nicht nur keinen Mut, die Rechte der Juden zu verteidigen, sie besaßen nicht einmal den Anstand, die Werte der deutschen Tradition gegenüber den Nazis geltend zu machen. Zwei schlimme moralische Katastrophen setzten die Maschine der Endlösung in Gang.

Die Geschichte Preußens und die Geschichte des mitteleuropäischen Judentums gingen an dem Tag zugrunde, an dem Hitler zur Macht kam: es war »zweierlei Untergang« (Hillgruber). Deshalb behauptet der kleine Oskar in Günter Grass' »Blechtrommel« zu Recht: »Von nun an wird es Teil der Aufgabe Oskars sein, seine Landsleute nicht nur an ihre

Schuld zu erinnern, sondern auch an ihren Verlust – den Verlust, den sie erlitten, als sie auf blutige Weise die Liebe, den Dienst, die Hilfe, den Umgang und die Bereicherung des Lebens zurückwiesen, wie sie die Juden angeboten hatten, die in ihrer Mitte lebten.«

Die Symbiose zwischen deutscher und jüdischer Welt war höchster Ausdruck der großartigen Kultur des mitteleuropäischen Judentums, davon findet sich heute praktisch keine Spur mehr; mit dem Verlust seiner Juden und mit der Zerstörung der jüdischen Kultur hat Deutschland endgültig eines der beiden Merkmale verloren, die es seit Beginn der zweiten Hälfte des 19. Jahrhunderts zur führenden Nation in Europa gemacht hatten. Geblieben ist nur eine Wirtschaftsnation. Früher war es vor allem eine Kulturnation.

Zu Recht sagte André Glucksmann: »Nur für Dummköpfe ist der Deutsche der ewige Nazi.« Und trotzdem, die Wunde von Auschwitz ist nicht verheilt, und sie wird es nie sein. Das haben die harschen Polemiken bestätigt, mit der die deutsche jüdische Gemeinde, die Welt und Israel die Wiedervereinigung Deutschlands verfolgt haben. Es erhoben sich jedoch auch Stimmen, die dieses Verhalten kritisierten, die zwar gewiß nicht dazu aufriefen zu vergessen, aber doch dazu, trotz verständlicher Ressentiments auf das neue Deutschland zu blicken. Eine dieser Stimmen war Michael Wolffsohn:« Nichts ist in der Geschichte so gewiß wie der Weltwandel, also auch in der deutschen Geschichte. Im Grunde ihres Herzens wissen die Juden der Diaspora ebenso wie die Israelis, daß es ein wirklich neues Deutschland gibt: das alte West- und das wiedervereinigte Deutschland.« Noch ein Fall von Blindheit, geboren aus übergroßer Liebe zu Deutschland?

3.
Deutschland im Jahre »drei«

Verpflanzt und zerstreut wie die Juden in alle Welt müssen die Deutschen werden, um die Masse des Guten, die in ihnen liegt, ganz und zum Heile der Nationen zu entwickeln.

Goethe

Die Deutschen sind von vorgestern oder von übermorgen: aber sie haben kein heute.

Friedrich Nietzsche

Die Deutschen waren in der Vergangenheit sehr schlecht. Deshalb müssen sie in Zukunft nicht besser sein: es genügt, wenn sie normal werden.

Manfred Rommel

Der vergiftete Apfel

Es war wie in einem Märchen: Das Sowjet-Imperium (die böse Stiefmutter) nahm vor seinem endgültigen Kollaps ein letztes Mal grausam Rache, indem es Deutschland (Schneewittchen) einen wunderschönen, vergifteten Apfel gnädig zum Geschenk machte. Kurz und gut, es hinterließ ihm den ungeheuren Zusammenbruch des »preußischen Sozialismus« als Erbe. Und so fand sich der einstige »Wirtschaftsgigant«, der friedliche »Politzwerg«, der gesellschaftlich integriert und umweltbewußt war, mit einem Schlag in einem Meer von Schwierigkeiten, kopfüber in einen Zustand größter Instabilität gestürzt, dessen Konsequenzen sich jetzt bemerkbar machen: Millionen von Arbeitslosen und Milliarden von Schulden. Die Produktion im Osten, de facto zusammengebrochen, ist nicht einmal in der Lage, den geringen reinen Eigenverbrauch zu decken: 20 Prozent der Bevölkerung produzieren weniger als 7 Prozent des Bruttosozialprodukts. Um das Wasser nach westlichem Standard trinkbar zu machen, werden 25 Jahre und 30 Milliarden DM nötig sein. Zwischen 15 und 20 Milliarden DM wird die Behebung der durch die sowjetischen Waffen verursachten Verseuchung kosten. Der deutsche Handelsüberschuß ist drastisch zurückgegangen, von 107 Milliarden DM im Jahre 1990 auf 20 Milliarden DM im Jahre 1991. Während die Zahlungsbilanz ein Plus von 77 Milliarden aufwies, registrierte sie 1991 ein Minus von gut 34 Milliarden DM. Nie war eine Vorhersage so voreilig und so falsch: Europa kann ruhig sein, es wird die Geburt eines »neuen großen Deutschland« nicht erleben. Vielmehr sollte es sich darauf vorbereiten, eventuell ein Land vor sich zu haben, das eine tiefe materielle und geistige Krise durchmacht. An die Stelle der Freude über die Wiedervereinigung ist in Ost und West die Beunruhigung über ihre Konsequenzen getreten. »Sosehr die deutsche Wiedervereinigung ein glückliches Geschenk der Geschichte war, so unleugbar hat sie uns zunächst wirtschaftlich ärmer gemacht.«[1] Edzard Reuter schien in diesem Zusammenhang überhaupt keine Zweifel zu haben. Besonders darüber nicht, daß es kein gutes Geschäft gewesen war. »Der Glücksfall ist ein Verkehrsunfall geworden«, klagte Wilhelm H. Hankel.[2] Um die Schäden aus Jahrzehnten Planwirtschaft und törichter Industriepolitik, die sich auf veraltete Kombinate stützte, zu reparieren, würde man nach den optimistischsten Vorhersagen jährlich an die 150 bis 200 Milliarden Mark in den Osten transferieren müssen. Eine schwindelerregende Zahl, die auch die mächtige deutsche Wirtschaftsmaschine schwächen kann. Die Vereinigung der beiden Deutschland entpuppt sich also als ein Abenteuer voller Unbekannter und sogar voller Gefahren. »Nichts trennt die Menschen mehr als die Vereinigung«, bemerkt der Historiker Christian Meier mit bitterem Pessimismus. Zugleich ist sie jedoch auch ein großartiges soziales Experiment, ein Projekt der Kultur-, Produktions- und Wirtschaftsumstellung von enormen Ausmaßen. »Niemals zuvor in der Geschichte wurde eine so enorme Herausforderung wirtschaftlicher Leistungsfähigkeit an die politische und soziale Solidarität gestellt«, schrieb Michel Albert.[3] Der alte Streit für und wider die Vereinigung, der die Geister in Deutschland und in Europa schied, erschien als überwunden, sogar als abwegig. Die ganz besondere internationale Konstellation, die es zu äußerst günstigen Bedingungen erlaubte, die Vereinigung der beiden Deutschland zu erreichen, öffnete ein »window of opportunity«, das sicher nicht für alle Ewigkeit offengeblieben wäre. Tatsächlich brach dann der Golfkrieg aus, und die »Mutter aller Schlachten« setzte der Illusion, es wäre der »ewige Friede« erblüht, ein Ende. Es genügt, sich die dramatischen Konsequenzen vorzustellen, die sich für das internationale Gleichgewicht und für die europäische Stabilität im besonderen ergeben hätten, wenn jene Kräfte, die dann im August 1991 ihre Trumpfkarte im Coup gegen Gorbatschow ausspielten, die Oberhand gewonnen und im Herzen Europas eine »chinesische Lösung« durchgesetzt hätten. Die »Schuld« Kohls – wenn man es so nennen will – besteht also nicht darin, nach der Vereinigung gestrebt zu haben (übrigens mit der Unterstützung Brandts), sondern allenfalls in der Art, in der er sie verwirklicht hat. Es ist wohl übertrieben, Kohl vorzuwerfen, er habe es nicht verstanden oder nicht gewollt, seinen Mitbürgern nur »Blut und Tränen« zu versprechen. Daß er ein Winston Churchill wäre, das hat ernsthaft nie jemand gedacht. Der sorglose Leichtsinn jedoch, mit dem die Bonner Regierung der titanischen Herausforderung begegnete, hat wirklich etwas Unverantwortliches. Zuallererst wäre – noch vor der enormen wirtschaftlichen Anstrengung – eine ethisch-politische Revolution nötig gewesen. »Nein und abermals nein«, so beginnt das Manifest mit dem Titel »Weshalb das Land sich ändern muß«, unterzeichnet von bekannten Intellektuellen, Politikern und Managern, »so haben wir uns weder die Bundesrepublik nach vier Jahrzehnten noch das befreite, endlich wiedervereinigte Deutschland vorgestellt.«[4] Deshalb ist *das* die Realität: *beide* ehemalige Deutschland stecken in der Krise, wenn auch auf unterschiedliche Weise und aus unterschiedlichen Gründen. Der Fall der Berliner

Mauer bedeutet neben vielem anderen auch das Ende der Wirtschafts- und Umweltbedingungen, dank deren die Demokratie in Westeuropa nach 1945 etwas Selbstverständliches war. Politik war zur leichten Kunst geworden, die Dividenden der längsten von der Geschichte gekannten Friedens- und Wohlstandsperiode zu verteilen.

Es ist, als hätte sie Angst vor dem eigenen Sieg: Nach dem Verlust des »Feindes« scheint die westliche Gesellschaft ihren Elan verloren zu haben und, verlassen von ihrer Kraft – in Deutschland genauso wie in allen übrigen Industrieländern –, in einen Zustand chronischer Depression gefallen zu sein. »Die Furcht vor dem Kommunismus hatte eine sinngebende Kraft. Heute fürchten wir nicht mehr den Kommunismus, wir fürchten etwas Unbestimmtes ... Unser wohlhabendes Leben sinkt in die Sinnlosigkeit hinab.«[5] Die Wiedervereinigung war ein ohnehin schon schwieriges Unternehmen, jetzt ist sie fast unmöglich geworden. Statt zu erkennen, daß der Moment gekommen war, eine neue Seite aufzuschlagen, glaubte nicht nur die Regierung in Bonn, sondern die gesamte politische Klasse, es genüge, wenn sie der unerwartet ernsten Lage mit Unbefangenheit und Sorglosigkeit begegnete. Sie beschränkte sich darauf, von der anderen Seite aus einfach zuzusehen, während sie weiterhin Versprechen verteilte, aus Angst, die Zustimmung der Wähler im Westen zu verlieren, statt die Wahrheiten auszusprechen, die alle kennen, die Wähler zuallererst: daß es nämlich in den nächsten Jahren nicht viel zu verteilen geben wird und sogar nötig sein wird, den jetzigen Lebensstandard zu senken und viele Opfer zu bringen, um die Wiedervereinigung finanzieren zu können. Offensichtlich betrifft diese Veränderung des allgemeinen Klimas nicht nur Deutschland: In ganz Westeuropa hat sich die Situation radikal verändert. Diese Epoche weist ganz andere Merkmale auf als jene, die mit der Nacht, in der die Mauer fiel, zu Ende ging. Ein zweifacher Untergang also: Mit dem Ende der bipolaren Welt, die in Jalta geboren und auf Ost-West-Konfrontation gegründet war, ging für immer auch eine Ära zu Ende, für die unterschiedliche Formeln geprägt worden waren: Neokapitalismus, Spätkapitalismus, Überfluß- oder Wohlstandsgesellschaft usw. Aus der neuen Situation ergab sich ein tiefgreifender Wandel in der Beziehung zwischen Wirtschaft und Politik. Jahrzehnte hindurch war es möglich gewesen, den Erwartungen nach immer wachsendem Wohlstand nachzukommen. Das hatte den Politikern erlaubt, nach dem Prinzip des »Sowohl-als-auch« zu regieren und die Taktik der ständigen, unbegrenzten Erfüllung der Bedürfnisse zu befolgen. Die Auswirkung auf die allgemeine Ethik war eine rücksichtslose Betonung des Primats der Rechte gewesen, die Behauptung eines hedonistischen Neoindividualismus, garantiert durch die staatliche Wohlfahrtspolitik.

Recht anders ist die neue Situation. Die Epoche, die für Europa begonnen hat, wird vielleicht lange dauern, mit Sicherheit wird sie voller Ungewißheit sein. Zu einer schweren Wirtschaftsrezession werden noch die neuen tiefgreifenden Herausforderungen kommen, die das Ende der »großen Kälte aus dem Osten« mit sich brachte. Die größte von allen ist die Einwanderungswelle, die von Osten heranrollt, um den wohlhabenden europäischen Westen zu überfluten. Das bedeutet für Deutschland, daß es die ebenso unbequeme wie ungewollte Rolle des Wellenbrechers übernehmen muß. Unter diesen Umständen kann die einzige sozial realistische und moralisch glaubwürdige Philosophie die – sicher sehr unpopuläre – des Weder-Noch sein, weil es »für längere Zeit nichts mehr zu verteilen gibt«.[6] Nach dem großen Konsumrausch scheint jetzt die Zeit des eisernen Sparens gekommen zu sein. Und mit ihr wird unvermeidlich wieder in den Vordergrund rücken, was kollektiv zur Seite geschoben wurde: das System der Bürgerpflichten, eine moralische Kategorie, gegen die das politische Vokabular der postmodernen Gesellschaft allergisch war.

In dieser neuen, in mancher Hinsicht ungewissen Situation wäre es gut, wenn ein neues »politisches Konzept« zur Verfügung stünde, »das nicht mit dem materiellen Wohlstand beginnt und mit der Lebensqualität endet«, wie Joachim Fest ganz richtig sagte. Darüber hinaus ist dies die kategorische Voraussetzung, von der aus man eine neue Definition der Rolle, der Funktion und der Kompetenzen der politischen Parteien versuchen muß. Eine Aufgabe, die jener vergleichbar ist, die vor einem halben Jahrhundert durchgeführt wurde, als in den westlichen Demokratien der Nachkriegszeit den Parteien bei der Bestimmung des Gemeinwillens Verfassungsrang zuerkannt wurde. Mitte der sechziger Jahre analysierte Otto Kirchheimer den tiefen Wandel, der sich in Westdeutschland vollzogen hatte und der sich, auf eine knappe Formel gebracht, mit Verwestlichung wiedergeben läßt. Deutlich hob er darin die Konsequenzen hervor, die sich aus dem Entstehen einer Partei neuen Typs – er nannte sie »Allerweltspartei« – besonders für ihre Organisationsformen und ihre Funktionsweisen ergaben: »Zugleich formt sich die Massenintegrationspartei, die in einer Zeit schärferer Klassenunterschiede und deutlich erkennbarer Konfessionsstrukturen entstanden war, zu einer Allerweltspartei (catch-all party), zu einer echten Volkspartei, um. Sie gibt die Versuche auf, sich die Massen geistig und moralisch einzugliedern, und lenkt ihr

Augenmerk in stärkerem Maße auf die Wählerschaft; sie opfert also eine tiefere ideologische Durchdringung für eine weitere Ausstrahlung und einen rascheren Wahlerfolg.«[7]

Indem sie ihre »Pflicht« taten, indem sie also einen »politischen Austausch« organisierten zwischen der Zustimmung des Bürgers bei der Wahl und dem Versprechen des Politikers, für wachsenden Wohlstand zu sorgen, degenerierten die Allerweltsparteien zunehmend zu leeren Apparaten, zu korrupten und korrumpierenden seelenlosen Maschinen. Außerdem entzog ihnen die gegenwärtige Wirtschaftskrise den Rohstoff, den Reichtum, den sie zur Verteilung benötigten. Nachdem sie in ihrem Programm darauf verzichtet hatten, die geistigen Ressourcen zu nutzen, entzog die wirtschaftliche Rezession den Parteien nun auch die Möglichkeit, als Funktionsersatz auf die materiellen zurückzugreifen.

Natürlich glaubt niemand, daß es möglich oder gar wünschenswert wäre, die traditionelle Klassenpartei wiederauferstehen zu lassen oder eine konfessionelle im Stil der katholischen Zentrumspartei oder der Weimarer Sozialdemokratie. In der Gesellschaft von heute gibt es keinen Hunger nach vagen Utopien oder den Wunsch nach epochemachendem revolutionärem Umsturz. Es herrscht eher Desorientiertheit, weil man feststellt, daß nun, da eine Epoche zu Ende ist, niemand ein geeignetes Rezept kennt, um der neuen Situation zu begegnen, am allerwenigsten die Politiker. »Ein großer Teil der Verantwortlichen in den Gewerkschaften wie in den Unternehmen scheint den Kopf in den Sand zu stecken und die neuen Herausforderungen mit den gewohnten Ritualen der Vergangenheit bewältigen zu wollen. Viele Intellektuelle sind sprachlos, allenfalls stammeln sie posteuphorisch daher oder werfen sich protestierend in die Brust. Und kaum einer der verantwortlichen Politiker wagt es, die Situation mit nüchterner Offenheit darzustellen, wagt es, die harten Konsequenzen, die sich daraus ergeben, deutlich beim Namen zu nennen.« So Edzard Reuter.[8]

Die Konsequenzen sind deutlich vor aller Augen: Ganze politische Klassen werden nach Hause geschickt (daß die unmittelbaren Anlässe dafür verschieden sind, besagt wenig), unterdessen breiten sich Arbeitslosigkeit, Ressentiment und Zukunftsangst aus und verbinden sich zu einer gefährlichen Mischung. Daß es dann besonders die Kräfte der Linken waren, die bestraft wurden, braucht nicht zu überraschen. Das Schicksal der SPD macht dies beispielhaft deutlich. Der Zusammenbruch des Kommunismus brachte für die linke Idee einen schweren Rückschlag, und damit zugleich auch für den ganzen Wertekomplex des europäischen Reformismus. Das Adjektiv »demokratisch«, das mehr als siebzig Jahre lang die Scheidelinie zwischen den beiden entgegengesetzten Traditionen der europäischen Arbeiterbewegungen gebildet hatte, scheint nicht mehr in der Lage zu sein, das weitverbreitete Mißtrauen zu zerstreuen, das den Begriff »Sozialismus« umgibt.

Aber vielleicht hat diese Krise viel tiefere Ursachen. Der politische Appeal der Linken hat ernsthaft Schaden gelitten durch die wachsende Unduldsamkeit der Bürger gegenüber den negativen Auswirkungen, welche die immer umfangreichere Rolle des Staates für sie hatte: aufgeblähte, immer teurer und immer weniger effizient werdende Apparate, wachsende Bürokratisierung, Entmündigung des Individuums. Aber statt aus dem, was Dahrendorf »das Ende des sozialdemokratischen Zeitalters« nannte, »rationale« Konsequenzen zu ziehen, haben die Akteure der Gesellschaft ein Verhalten angenommen, das schizophrene Züge zeigt. Wirklich niemand ist als einzelner Bürger bereit, auf die Errungenschaften des Sozialstaats zu verzichten, während als Privatmann jeder gegen die seiner Meinung nach unerträgliche, von den Parteien verschuldete Mißwirtschaft protestiert. Die Herrschaft der Interessengruppen wendet sich gegen die Herrschaft der Parteien. Das erklärt, warum sich der gewöhnlich vorsichtige deutsche Wähler von den großen traditionellen Massenparteien abwandte.[9] Aus den Meinungsumfragen geht hervor, daß nur 9 Prozent der Befragten sich zu »überzeugten Anhängern« einer Partei erklärten. Der Index von 36 Prozent im Jahre 1986 war bis Juni 1991 auf 17 Prozent gefallen. Nur 16 Prozent, nicht einmal die Hälfte derer, die für die SPD gestimmt hatten, waren überzeugt, daß die sozialdemokratische Opposition besser arbeiten würde als Kohls Regierungspartei. Für die Mehrheit der Deutschen ist es heute gleichgültig, ob sie für die »eigene« Partei stimmen oder für eine andere, die sie ebenso negativ beurteilen. Zum ersten Mal scheint der Pendelmechanismus blockiert zu sein, der die deutsche Demokratie der Nachkriegszeit richtig austarierte, indem die Unzufriedenheit der Bürger dafür sorgte, daß sie sich wieder der Opposition zuwendeten. Jetzt dagegen verlieren Regierung und Opposition gleichzeitig an Boden. »Rechts« zu wählen könnte sogar als der einzige Weg angesehen werden, dem eigenen Protest Ausdruck zu verleihen, aber mit Sicherheit nicht als Option für eine Ideologie oder schlimmer noch, als Option für »Werte«.

All dies läßt viele angstvolle Fragen aufkommen, Zweifel, die so berechtigt sind, daß die Deutschen sie als erste anmelden: Wird die Demokratie die Herausforderungen der Wirtschaftskrise bestehen? So stellte zum Beispiel Exbundeskanzler Helmut

Schmidt eine sehr pessimistische Prognose: »Die Demokratie könnte im vereinigten Deutschland nur eine begrenzte Lebensdauer haben, wenn alles so weitergeht wie bisher.«

Ist die Verwestlichung der politischen deutschen Identität tatsächlich eine nicht rückgängig zu machende Errungenschaft, oder besteht im Gegenteil das Risiko, daß sie wieder in Frage gestellt werden könnte und zurückgeht wie die Börsenkurse? Die Autoren des oben zitierten Manifest-Programms stellen fest: »In Deutschland ist die Demokratie zweimal gescheitert: 1848 und 1933. In Ostdeutschland hat sich der demokratische Neuanfang von 1945 schnell als Schein erwiesen. Erst in der Bundesrepublik hat die Demokratie Selbstverständlichkeit gewonnen. Wird sie sich im vereinten Deutschland bewähren? Daran dürfen wir nicht zweifeln, aber wir müssen die Gefahren sehen. In der Bundesrepublik brauchte sich die Demokratie bisher nur unter den Bedingungen wachsenden Wohlstands zu bewähren. Politik konnte in verschiedenen Graden Zuwachsraten verteilen. Wurde etwa allein deshalb die Demokratie akzeptiert und stabil?« Wird sich der demokratische Horizont des neuen Deutschland also verdunkeln, weil eine wirtschaftliche Störung heraufzieht? Es scheint tatsächlich so zu sein. Dies bestätigen die besorgten Ermahnungen einiger, sehr weniger, scharfsinnigerer Vertreter der Politik, zu denen der Christdemokrat Biedenkopf gehört: »Nur wenn die Verantwortung für die Verteilung der Lasten gemeinsam getragen wird, wird man auch miteinander die Erfolge der Einheit erleben können, dann wird man zu einer Übereinstimmung zwischen allen Deutschen und zu einer gemeinsamen deutschen Identität gelangen. Und nur auf der Basis einer gemeinsamen deutschen Identität ist es möglich, in politisch wirksamer Weise die wirtschaftlichen und sozialen Konsequenzen zu begründen, die die Vollendung der Einheit für die Verteilung der Einkommen in Westdeutschland mit sich bringen wird. Wenn man wie bisher weitermacht, dann wird die Teilung, die immer noch existiert, nicht überwunden werden, sie wird sich noch vertiefen.«[10] Um so schwerer wiegt es, daß die politische Klasse und die öffentliche Meinung kulturell und psychologisch nicht darauf vorbereitet sind, diesen ebenso schwierigen wie äußerst delikaten Übergang zu meistern.

Sterben für Dresden?

Der Rhein bildete länger als ein Jahrhundert den Austragungsort für die französischen und deutschen Feindseligkeiten. Die einzige Sprache, die man an seinen Ufern fließend beherrschte, war die des Krieges. Nach dem zweiten weltweiten Zusammenstoß übernahm er dann wieder die Scharnierfunktion zwischen den beiden Völkern, die er in der Geschichte seit der Karolingerzeit zu Beginn jeder europäischen Renaissance innegehabt hatte. Deutsche und Franzosen hatten aufgehört, Feinde zu sein und waren wieder »Nachbarn am Rhein geworden«, wie der Titel des schönen Buches von Hartmut Kaelble (1991) lautet, das von der »Entfremdung und Annäherung der französischen und deutschen Gesellschaft seit 1880« berichtet. Ja, sie sind mehr als Nachbarn: sie sind Alliierte. Der von Adenauer und de Gaulle 1963 unterzeichnete deutsch-französische Vertrag hat die Geburt einer neuen strategischen Achse sanktioniert, um die herum sich die Einheit Westeuropas aufbaute. Inzwischen ist der »rheinische Kapitalismus«(die geglückte Bezeichnung stammt von Michel Albert) das

Herz der Wirtschaft, der treibende Motor des großen Entwicklungzyklus der Nachkriegszeit geworden. Zugleich beweist er die Geburt eines »neuen« Deutschland: »Das Adjektiv rheinisch unterstreicht die charakteristischen Züge des neuen Deutschland, das nicht preußisch, sondern rheinisch inspiriert ist. Es stammt aus Bonn, nicht aus Berlin.«[11]

Nach Meinung des französischen Wirtschaftswissenschaftlers besteht die wichtigste Lehre aus der westdeutschen Erfahrung im »paradoxen, exemplarischen Bündnis zwischen Leistungskraft und Solidarität, das die soziale Marktwirtschaft charakterisiert«.[12] Das Deutschland Helmut Kohls, das in direkter Nachfolge von dem Adenauers, Erhards, aber auch Brandts und Helmut Schmidts abstammt, ist der Prototyp des »rheinischen Modells des Kapitalismus«, das man nicht nur, von den Niederlanden bis in die Schweiz, den ganzen Rhein entlang wiederfindet, sondern in gewisser Weise auch in Skandinavien und vor allem, mit den unvermeidlichen kulturellen Verschiebungen, auch in Japan.[13]

Es ist an dieser Stelle nicht möglich, ausführlich auf die Einwände einzugehen, die eine so drastische Vereinfachung der Komplexität hervorrufen muß, wie sie diese Gleichsetzung untereinander so verschiedener Gesellschaftsmodelle darstellt, die dem etwas »metaphysischen« Paradigma Michel Alberts zugrunde liegt. Sehr problematisch scheint vor allem der Versuch, einem »angelsächsischen« oder »insularen« Kapitalismusmodell, das individualistisch und aggressiv ist, ein »germanisch-japanisches« oder »alpines« Modell gegenüberzustellen, das sich durch eine starke soziale Homogenität auszeichnet. Die geopolitischen Metaphern sind sicherlich faszinierend, müssen aber mit großer Vorsicht benutzt werden. Daß die Japaner »die Deutschen Asiens« genannt werden oder daß die Volkswirtschaften Japans und Deutschlands wieder aufblühten, weil sie sich für die gleiche Strategie entschieden hatten, nämlich die der Favorisierung der Exportpolitik, das ist weniger wichtig als das, was Albert in einer bloßen Parenthese glaubt behandeln zu können: die Existenz enormer kultureller, sozialer und wirtschaftlicher Unterschiede. Nur so läßt sich vielleicht die geringe Bedeutung erklären, die der ehemalige Leiter der französischen Planungsbehörde in seinen Überlegungen den entscheidenden Konsequenzen beimißt, die unterschiedliche Lebensstile, andere Modelle für Kultur und kollektives Handeln für das Funktionieren der Wirtschaft und die Entfaltung der gesellschaftlichen Dynamik haben.

Es überrascht in der Tat, daß Albert zwei Gesellschaften in ein einziges Schema preßt: die Gesellschaft des »zentrierten korporativen Pluralismus« – denn dies war die *materielle Verfassung*, die Deutschland nach dem Zweiten Weltkrieg regierte –, in der die soziale Konzertierung und die Rolle der Gewerkschaften die Hauptträger der Integration und des Zusammenhalts waren, und eine Gesellschaft wie die japanische, die auf dem Toyota-Modell basiert mit seinem unumstößlichen Prinzip der Firmentreue und der geheiligten Achtung der Hierarchie und die außerdem auf niedrigem Konsum und geringer Lebensqualität beruht. Also genau auf dem Gegenteil dessen, was die üppige westdeutsche Wirklichkeit charakterisiert, deren hoher Lebensstandard (gegen den die Philosophen der Frankfurter Schule heftig polemisiert haben) sogar die chemische Zusammensetzung der lutherischen Ethik des westdeutschen Volkes verändert, dessen Haupttätigkeit heute, wie Otto Hondrich schrieb, darin besteht, »Traumstrände zu erobern, an denen sie die Ferien verbringen«, und außerdem natürlich Märkte, auf denen sie ihre Waren verkaufen.

Deshalb ist es kein Zufall, daß diese schematische Einordnung auf unlösbaren Widerspruch stößt, etwa dort, wo Michel Albert nach der Gegenüberstellung von angelsächsischem und rheinischem Kapitalismus in Schwierigkeit gerät, wo er die wichtige Erfahrung des Labourismus und die Entstehung des Wohlfahrtsstaats unterbringen soll, ob in den Alpen oder im Atlantik. Er muß zugeben: »Die Sozialversicherungen wurden in Deutschland durch Bismarck gegründet, und Lord Beveridge, sein berühmtester Anhänger auf diesem Gebiet, führte den berühmten National Health Service (NHS) in Großbritannien ein«[14], der dann in ganz Europa Schule machte, die Schweiz, Deutschland und Schweden eingeschlossen.

Michel Albert hat jedoch sicher recht, wenn er die Aufmerksamkeit der öffentlichen Meinung, die sich nur für »die Reize der Venus« interessiere und »die Tugend der Juno« ignoriere, energisch auf die positiven Ergebnisse des Modells Deutschland lenkt. Er hat recht, wenn er gegen das spärliche Interesse von seiten der Wissenschaft polemisiert und sich fragt: »Wo sind die Wirtschaftsprofessoren, die lehren, was man aus dem außergewöhnlichen wirtschaftlichen Erfolg Deutschlands lernen kann?«

Trotz der Kritik (des Neids) der anderen europäischen Partner ist das deutsche Modell ein Gesellschaftsmodell (gewesen?), das große Erfolge erzielt hat, indem es die höchste Produktivität mit stärkster sozialer Integration verband. Seine geheime Seele war in der Tat der hohe Grad des »sozialen Zusammenhalts«, sein »erster unbewegter Beweger« die Partnerschaft zwischen Gewerkschaften und Unternehmern (Konzertierung), zwischen Managern und Arbeitern (Mitbestimmung), zwischen Opposition und Regierung. »Die deutschen Unternehmen verdanken einen großen Teil ihrer Effizienz der Existenz eines breiten sozialen Konsensus und der Solidarität in der Leitung und der Überwachung der Geschäfte zwischen dem Management und den Aktionären«[15], so Albert. Dem Modell Deutschland ist es zu verdanken, daß der deutsche Arbeiter heute derjenige ist, der am wenigsten arbeitet und am meisten verdient. In der Tat ist das rheinisch-deutsche Modell das »schlechteste Wirtschaftssystem, mit Ausnahme aller übrigen«. Es ist das gelungenste Beispiel des »historischen Kompromisses« zwischen Kapitalismus und Arbeiterklasse, zwischen der Logik des Profits und dem Imperativ der Egalität. Eine Ausnahme bildet Schweden, es ist aber zu klein, um ein eigenes Modell zu begründen.

Im Unterschied zu England, wo jeder Wechsel in der Macht von Labour und Konservativen eine radikale Änderung in der herrschenden Sozialphilosophie auslöst, ist in Deutschland die Wertvorstellung der sozialen Solidarität nicht von der Art der Regierung abhängig. Vom politischen Zyklus sind allenfalls kulturelle Themen oder Gewissensfragen betroffen: vom Schwangerschaftsabbruch bis zu Entscheidungen auf internationaler Ebene. Der Circulus virtuosus von wirtschaftlicher Stabilität, sozialem Zusammenhalt und starker Währung, über welche die Bundesbank mit unbeugsamer Entschlossenheit wacht getreu dem Prinzip Alois Schumpeters, nach dem »die Autos nur schneller fahren können, wenn sie sehr gute Bremsen haben«, stellt das eigentliche Geheimnis dar für das Funktionieren und den Erfolg des deutschen Wohlfahrtsstaats, der ein Minimaleinkommen von 1 200 DM sichergestellt hat und der die Armut durch die umfangreiche Sozialgesetzgebung »illegal« gemacht hat. Die heftigen und zum großen Teil nur vorgeschobenen, außerdem nutzlosen Polemiken (sie haben nie Erfolg gehabt), die sich wiederholt gegen die Hochzinspolitik der deutschen Zentralbank erhoben – in einigen Fällen streiften sie ans Lächerliche, wenn sie einen Zusammenhang zwischen dem Diktat der Bundesbank und den Gewalttätigkeiten der rechtsradikalen Skinheads herstellten –, sind die Bestätigung dafür, daß trotz der rituellen Treueerklärungen für Europa ein verbreiteter tiefer Argwohn gegen Deutschland und seine objektive Hegemonialrolle existierte. Die von Italien und England geäußerten Polemiken waren nur gereizter und unberechtigter Ausdruck von Nervosität. Hinter ihnen stand nicht der Wunsch nach einem konstruktiven, kontinuierlichen Dialog, sondern vielmehr die Absicht, Deutschland zum bequemen Sündenbock zu stempeln: Die deutsche Wirtschaftsstrategie wurde so hingestellt, als sei sie die Fortführung des Krieges mit anderen Mitteln.

Niemand möchte im Ernst »für Dresden sterben«, zum Glück wird das auch nicht nötig sein. Obgleich die Geschichte dieses Jahrhunderts anders verlaufen wäre, wenn am Ende der dreißiger Jahre jemand den Mut gehabt hätte, »für Danzig zu sterben«, ehe Hitler dies obligatorisch machte. Der Gedanke, daß ein angemaßter »DM-Imperialismus« der Hauptgrund für die wirtschaftliche Zerrüttung Italiens (oder Englands) sei, ist eine kolossale Dummheit. Und darüber hinaus eine unverantwortliche Provokation, geeignet, leichtfertig das Feuer des Nationalismus anzufachen. Was auch immer de Benedetti behauptet, die Krise, in der Olivetti steckt, hat nicht Bundesbankpräsident Schlesinger verschuldet. Die Zwangsvorstellung, in Frankfurt werde zum Nachteil Europas eine Verschwörung angezettelt, um die deutsche Vereinigung zu finanzieren, war der neueste Mythos, der das Ressentiment gegenüber Deutschland schürte, indem er in einer neuen »heiligen antideutschen Allianz« unfähige Kapitalisten, korrupte Präsidenten, orientierungslose Splitter der Linken und Nostalgiker des Keynesianismus vereinigte (nach deren Meinung nur eine laxe Wirtschaftspolitik den Fortschritt sicherstellen kann).

Natürlich liegen die Dinge anders. Jedermann weiß, daß die Bundesbank von jeher – und nicht nur seit dem Fall der Mauer – kontinuierlich eine Politik der unbedingten Währungsstabilität befolgt hat. In treuer Ausübung der ihr vom Gesetz zugewiesenen Aufgabe ist sie die Hüterin der Währung. Im Grunde gleicht ihre Rolle genau jener, die das Verfassungsgericht ausübt. Auch dieses ist eine »antidemokratische« Behörde, die als oberstes Kontrollorgan eingesetzt ist, damit der Souverän das Legalitätsprinzip respektiert. Die Dynamik, welche seit der großen Krise der dreißiger Jahre die Rolle der nicht gewählten Kontrollorgane – im Namen des Machtgleichgewichts – ständig erweitert und umgekehrt die frühere »Allmacht« des Parlaments begrenzt hat, würde eine eigene Untersuchung verdienen. Sie führte eine Art »liberales« Gegengewicht ein zum Prozeß der Festigung und Ausbreitung der »Massendemokratie« und der damit zusammenhängenden Ausdehnung der staatlichen Einmischung in die Wirtschaft. Die Autonomie und in einigen Fällen die Arroganz der Bundesbank bestätigen die vollzogene Verwestlichung Deutschlands.

Die Politik der Bundesbank ist ausgerichtet auf die Verteidigung der sozialen Stabilität Deutschlands und damit der Demokratie Deutschlands und Europas.[16] Deshalb stellt sie einen der Eckpfeiler des »rheinischen Kapitalismus« dar. Es ist übrigens kein Zufall, daß auch Frankreich dazu überging, die zurückgewonnene Kraft seiner Wirtschaft zu garantieren, indem es seiner Zentralbank Funktionen übertrug, die denen der Bundesbank analog waren – wie es übrigens die Verträge von Maastricht vorsehen. Und daß umgekehrt nach allgemeinem Urteil einer der Gründe für die wirtschaftliche Katastrophe Italiens die politische Unterordnung der Banca d'Italia war, unter der sie operieren mußte. Dies erlaubte nämlich der Regierung, ohne von der Opposition behindert zu werden, die ungenierteste Ausgabenpolitik zu verfolgen – frei und ohne irgendeine Grenze respektieren zu müssen. Die Inflation war die Droge, die den italienischen Staatshaushalt zerrüttet und alle Regeln des sozialen Zusammenlebens verändert hat und darüber hinaus auch die Beziehungen zwischen Unternehmern und Arbeitern.

Dies bedeutet natürlich nicht, daß einzelne Entscheidungen der Bundesbank nicht als falsch beurteilt, nicht kritisiert werden dürfen; dies geschieht in Deutschland täglich. Die sichtbarste Bestätigung dafür war die offene Auseinandersetzung, die sich Kanzler Kohl und der damalige Bundesbankpräsident Otto Pöhl im Sommer 1990 lieferten, und zwar über die Entscheidung der Regierung, die Ostmark eins zu eins in Westmark umzutauschen, obwohl sie allenfalls ein Zehntel wert war. Diese Entscheidung »all'italiana«, die Kanzler Kohl traf, hatte das unzweifelhafte Verdienst, das Ereignis der Vereinigung entdramatisiert zu haben, indem es sie von der ideologischen Ebene auf die der Interessen verschob. Aber sie hat auch schwerwiegende wirtschaftliche Folgen gehabt. Vor allem hat sie aus dem deutschen Osten eine »Konsumgenossenschaft gemacht und aus der dort eingeführten Marktwirtschaft zwar einen Markt ..., aber einen Markt ohne eigene Wirtschaft und genügend Arbeitsplätze«.[17]

Aber gerade dies bestätigt, daß die Polemiken gegen die »starke Mark« abwegig sind. Denn »die starke Währung, dieser schwierige Weg, der Anstrengungen, Ausdauer und Vorstellungskraft verlangt, ist für eine Wirtschaft das beste Mittel, sich auszuzeichnen, ohne zu erschlaffen. Der ›positive Teufelskreis‹ der starken Währung macht sich also bezahlt.«[18] Entweder – oder! Der Erfolg des »rheinischen Kapitalismus« hat die »deflationäre« Konzeption, welche die Bundesbank von jeher verfolgt hat, zur Voraussetzung.

Daß dann der Wunsch Deutschlands, die anderen europäischen Länder von seinen guten Absichten zu überzeugen und die Furcht derer, die von der Aussicht auf die deutsche Vereinigung alarmiert waren, zu beschwichtigen, zur absurden Stümperei der Maastrichter Verträge führte und zur noch phantastischeren Idee, in kurzer Zeit zu einer gemeinsamen Währung kommen zu können, das steht auf einem anderen Blatt. Und dieser Fehler, der letzte, den eine im Abgang begriffene Politikerklasse beging, zu der so verschiedene Männer wie De Michelis, Genscher und Dumas gehörten, sollte schwerwiegende Folgen für die künftige europäische Wirtschaftspolitik haben, vielleicht sogar für die Idee der europäischen Einigung selbst, die wieder zur Diskussion gestellt werden könnte.

Das Modell Deutschland war die so überaus erfolgreiche Kombination zwischen sozialem Zusammenhalt und Reichtumsproduktion, die erreicht wurde dank einem Mechanismus der Interessenkonzertierung, der fähig war, die entropische Wirkung des sozialen Konfliktpotentials auf ein Minimum zu beschränken. Heute aber steckt der »rheinische Kapitalismus« in der Krise, er verliert an Schwung. Unter dem Gewicht der enormen Kosten der Wiedervereinigung, die noch verstärkt werden durch die gegenwärtige weltweite Rezession, scheint er sich auf dem

Rückzug zu befinden. Die Frage, die es zu beantworten gilt, heißt, ob die gegenwärtige Krise der Anfang vom Ende des rheinischen Kapitalismus ist, der Beginn eines nicht rückgängig zu machenden Niedergangs, oder ob es sich um eine vorübergehende Eklipse handelt, die sogar der Vorbote einer Wiederbelebung sein könnte: reculer pour mieux sauter (sich zurückziehen, um einen neuen Anlauf zu nehmen)? Eine Frage von großer Relevanz, wie leicht zu erkennen ist, und mit Sicherheit nicht nur für Deutschland. Sie wird bei der Festlegung der wirtschaftlichen und sozialen Zukunftsaussichten ganz Europas eine entscheidende Rolle spielen.

Folgen wir Michel Albert, dann lassen sich für die Zukunft des »rheinischen Modells« zwei gegensätzliche Szenarien entwerfen, je nachdem, wie sich die neuen Bundesländer wirtschaftlich entwickeln werden. Das optimistische Szenario sieht folgendermaßen aus: Der Wiederaufbau Ostdeutschlands gelingt vollkommen. Nach Singapur, Taiwan, Hongkong und Südkorea werden wir die Geburt des fünften Drachen erleben. Daraus wiederum wird sich ein spektakulärer Aufschwung für die gesamte deutsche und europäische Wirtschaft ergeben. Das zweite Szenario ist entschieden pessimistischer: Die Gebiete östlich der Elbe werden zum deutschen Mezzogiorno. Trotz der Stärke des Westens und des enormen Geldtransfers werden sie immer rückständig bleiben, und es wird ihnen nicht gelingen, sich von den Auswirkungen der Deindustrialisierung und Verödung durch den Vereinigungsschock zu erholen.

Natürlich läßt sich jetzt noch nicht erkennen, welche der beiden Alternativen sich durchsetzen wird. Man kann ein drittes hypothetisches Szenario aufstellen, gerade wenn man die spezifischen Merkmale und Qualitäten des »rheinischen Modells« in Rechnung stellt. Es wäre ein weniger drastisches, jedoch detaillierteres und komplexeres Szenario. Damit die erste, die »asiatische« Lösung eintreffen kann, fehlen zwei entscheidende Bedingungen: die Möglichkeit, dem Osten für ziemlich lange Zeit niedrigere Löhne als dem Westen zuzugestehen. Zu stark ist dafür die Rolle der Gewerkschaften in Deutschland, zu bedeutend die Geschichte der deutschen Arbeiterbewegung und der deutschen Sozialdemokratie, die gerade in jenen Gebieten ihre heiligen Stätten haben, in Leipzig, Halle und Jena. Zu einflußreich auch ist die Komponente der lutherischen Kultur. Ebensowenig vorstellbar ist, daß man eine programmatische Verletzung des Gleichheitsprinzips akzeptieren würde, welche die Bürger in den neuen Bundesländern benachteiligen und ihnen nur einen partiellen sozialen Schutz, eine gekürzte staatliche Wohlfahrt gewähren würde. Aber aus denselben Gründen scheint auch die zweite, die italienische Lösung unwahrscheinlich. Der Mezzogiorno ist nicht einfach ein wirtschaftliches Problem, er ist Ausdruck des historischen Scheiterns der führenden Schichten in einem ganz bestimmten kulturellen und politischen Kontext.

Versuchen wir, eine Schlußfolgerung zu ziehen. Zahlreiche Anzeichen signalisieren deutlich eine Schlechtwetterlage für Deutschland. Der einstige Motor der europäischen Wirtschaft läuft nicht mehr auf vollen Touren. Diejenigen, die in naher Zukunft das Entstehen eines neuen deutschen Kolosses befürchten, können ruhig sein: Deutschland wird für die nächsten zehn bis fünfzehn Jahre damit beschäftigt sein, seine eigenen Probleme zu lösen. Trotzdem könnte das deutsche Kapitalismusmodell es am Ende schaffen, sei es auch nur in abgeänderter und berichtigter, in – Gott gebe es! – abgeschwächter Form, und immer vorausgesetzt, die politischen Eliten begehen keine gewaltigen Fehler und die Deutschen fahren fort, »sich vor sich selbst in acht zu nehmen«. Natürlich würde das auch ein wichtiger Beitrag zur europäischen Einigung sein. Deutschland oder vielmehr der »rheinische Kapitalismus« könnte die Funktion der kritischen Masse übernehmen, um die herum sich die Staatsform Europa bilden würde. Die strukturelle Allianz mit Frankreich auf der Währungsebene ist der erste Schritt in diese Richtung. Sie entspräche nach Michel Albert »der zweiten Lektion aus Deutschland: Diese zeigt uns, was Europa tun könnte, wenn es sich wirklich vereinigen würde. Oder anders ausgedrückt, wenn es sich in einer Föderation organisieren würde.«[19]

Die gefürchtete Alternative zwischen einem deutschen Europa und einem europäischen Deutschland würde dann gegenstandslos werden. Sie wäre dann für immer nur noch eine Erinnerung an vergangene Zeiten. Wie zu Recht hervorgehoben wurde, kann »Europa ... nicht nur als Sicherheitsvorrichtung verstanden werden, mit deren Hilfe man Großdeutschland einsperrt und innerhalb seiner Grenzen hält. Das Gegenteil wäre richtig: In den turbulenten neunziger Jahren, zwischen Handels- und Finanzkrieg und Kriegen im engeren Sinn, wird es nur die Stärke Deutschlands sein, die als Katalysator im Prozeß der europäischen Einigung dienen kann.«[20] Bleibt nur noch zu klären, ob die Deutschen bereit sind, diese Rolle zu übernehmen, oder ob sie es statt dessen nicht vorziehen, sich in die Machtvergessenheit zurückzuziehen, damit man ihnen verzeiht, daß sie einst Opfer der Machtbesessenheit waren. Das allerdings könnte man weder für die eigene noch für die europäische Zukunft gutheißen.

»Der Freiheitsrausch war nach wenigen Tagen verflogen«, schrieb Wolf Lepenies, »die neue Ungleichheit ist zum Problem geworden: aus einer geteilten Nation sind die Deutschen zu einer zerrissenen geworden.«[21] »L'Allemagne désunie« titelte »Le Monde« und »zuerst vereint, dann getrennt« war laut Spiegel die neue Situation Deutschlands. Willy Brandts Hoffnung, ausgesprochen vor dem Brandenburger Tor, daß zusammenwachsen werde, was zusammengehöre, scheint immer ferner zu rücken, schwierig zu verwirklichen, vielleicht gar eine unerreichbare Schimäre zu sein. Die neue Mauer, die Deutschland heute wieder teilt, geht durch das Bewußtsein. Sie ist eine geistige Barriere: Sie ist das Tabu gegenüber der Vorstellung eines deutschen Vaterlands.

Es ist die Angst vor der offensichtlich unausweichlichen Wahrheit, die die Deutschen zu quälen scheint, nämlich, daß ohne die bewußte kollektive Anerkennung der Zugehörigkeit zu einer gemeinsamen Nation sich eine echte Vereinigung nicht verwirklichen läßt. Der Bürgersinn für Pflichten setzt nämlich voraus, daß der einzelne Bürger akzeptiert hat: Es gibt »etwas Gemeinsames«, das kollektive »Wir« ist keine leere rhetorische Formel, sondern enthält das Bewußtsein, zu »einem Vaterland« zu gehören. Was Ernest Renan 1882 in seinem berühmten Vortrag »Qu'est-ce qu'une nation?« sagte, ist in Deutschland wieder aktuell geworden: »Es macht jedoch das Wesen einer Nation aus, daß alle Individuen etwas miteinander gemein haben, aber auch, daß sie alle viele Dinge vergessen haben.« Ganz besonders jene, die sie sich gegenseitig zufügten, als sie auf dem Wege waren, der zur nationalen Freiheit führte. »Eine Nation ist also eine große Solidargemeinschaft, getragen von dem Gefühl der Opfer, die man gebracht hat, und der Opfer, die man zu bringen gewillt ist.«[22]

Von konkreten Opfern sprach Exbundeskanzler Helmut Schmidt: »Die Deutschen im Westen des Landes müssen zum Lebensstandard von 1989 zurückkehren. Bis zum Ende des Jahrhunderts und vielleicht noch darüber hinaus gibt es nichts mehr an sie zu verteilen. Alle realen Steigerungen des Bruttosozialprodukts werden in den Osten fließen müssen.« Eine düstere Vorhersage! Womit wird man die über sechzig Millionen Westdeutschen motivieren können, daß sie sich damit abfinden, weiterhin ständig Opfer für den Wiederaufbau im Osten zu bringen?

Bestimmt wird es nicht ausreichen, an einen abstrakten und universalistischen Solidaritätsbegriff zu appellieren. Für die Ukrainer etwa würden sie den Gürtel wohl kaum enger schnallen. Die gleiche Überlegung gilt auch für die Ostdeutschen. Diese stehen vor einer schmerzlichen Umstellung, die sie psychologisch und kulturell noch härter treffen wird als sozial und wirtschaftlich. Eine solche Aussicht läßt sich nur ertragen aufgrund einer von allen geteilten Vorstellung vom Gemeinwohl, während gleichzeitig die Hoffnung, westlichen Lebensstandard und Wohlstand in kurzer Zeit zu erreichen – wie es ihnen in der Nacht der Wiedervereinigung mit unverantwortlicher Demagogie versprochen worden war –, in immer weitere Ferne rückt.

Selbstverständlich heißt das nicht, daß transnationale Akte der Solidarität, die von einer universalistischen Gesinnung motiviert sind, wie zum Beispiel das Eingreifen zum Schutz unterdrückter Minderheiten, nicht nötig wären. Noch weniger läßt sich bestreiten, daß erkennbare Interessen bestehen, die die gesamte Menschheit betreffen, etwa die ökologischen. Trotz des großen Gewichts, das die supranationale Dimension heute im europäischen Bewußtsein erlangt hat, bleibt dennoch der Raum des Nationalstaats als geographisch-politische Einheit eine Wirklichkeit, von der man unmöglich absehen kann. Deshalb haben sich die supranationalen, politischen Einheiten – dies ist die These Ulrich Oevermanns – »als politische Vergemeinschaftungen noch nicht so weit entwickelt, daß sie derzeit schon den souveränen Nationalstaat in seiner Funktion der konkreten Praxis eines Volkssouveräns ersetzen können«.[23] Die Deutschen jedoch zögern, ein wenig aus Egoismus und Liebe zum bequemen Leben, ein wenig aus Angst vor der eigenen Vergangenheit. Sie würden gern vermeiden, sich mit einer Frage konfrontiert zu sehen, die sie für immer gelöst glaubten, der Frage, worin ihre nationale Identität bestehe. »In Deutschland sind wir jetzt des deutschen Problems müde. Aber es ist eine gefährliche Müdigkeit, nicht die berechtigte nach getaner Arbeit, sondern eine verfrühte, weil die Arbeit unterschätzt und unvollendet gelassen wurde. Der Enthusiasmus des glorreichen Jahres 1989 ist einer Lethargie und einem intellektuellen Pessimismus gewichen, die unsere europäischen Nachbarn mit Staunen und Besorgnis beobachten.« Während die Deutschen doch nach der Meinung von Wolf Lepenies ein genau entgegengesetztes Verhalten an den Tag legen sollten, denn »was uns fehlt, um eine echte Einheit zu verwirklichen, um uns wirklich einer dem anderen anzunähern, ist der Patriotismus«. Dieser ist, das wird sofort präzisiert, das genaue Gegenteil einer schwächlichen und aggressiven oder, schlimmer noch, einer »völkischen« Konzeption der deutschen Identität. Es ist der Patriotismus der Aufklärer, nach der Maxime *ubi bene, ibi patria.* Er steht also ganz im Gegensatz zu dem des Nationalismus, der unter seiner sozialen Oberfläche kleinbürgerlich, fremdenfeindlich, klassenbewußt und korporativ war. Nach 1945 war es in Deutschland unmöglich geworden, von Vaterland zu sprechen. Und noch unmöglicher, von Patriotismus. Dies Thema war zum unbedingten Tabu geworden: Die Rechte vermied es aus schlechtem Gewissen, die Linke im Namen dessen, was in der Vergangenheit geschehen war. Aber gerade deshalb – so der logische Schluß des Leiters des Berliner Wissenschaftskollegs – »dürfen wir den Nazis, die den Begriff des Patriotismus besudelt haben, nicht den postumen Triumph lassen, auch eine Haltung unmöglich gemacht zu haben, die vielleicht so wichtig ist wie nie zuvor in unserer Geschichte«.[24]

Der Säkularisierungsprozeß und der erhöhte Grad des individualistischen Narzißmus haben die deutsche Gesellschaft zum Glück verwestlicht, indem sie für Ernüchterung sorgten, sicher ein gutes Gegengift gegen die Gefahr einer Rückkehr des nationalistischen Feuers. Von daher ist es sicher beruhigend, daß nach der kurzen Begeisterung, die auf die einzigartige Nacht des 9. November 1989 folgte, die Bürger im Westen ihre Aufmerksamkeit hauptsächlich darauf lenkten, wie hoch die Kosten der Wiedervereinigung für sie wohl sein würden. Mehr als die Regungen des Herzens machte sich ein gesunder Egoismus bemerkbar, der die eigenen Interessen verteidigte.

Andererseits ist es nüchtern betrachtet ebenfalls beruhigend, daß sich die Menschen im Osten vorwiegend damit beschäftigten, die materiellen Vorteile zu überschlagen, die ihnen aus dem »Anschluß« erwachsen würden, aus ihrer Entscheidung, eine »Selbstannexion« an den Westen vorzunehmen.

Und trotzdem kann das »normal« gewordene Deutschland nicht auf die Idee des Vaterlandes verzichten, wie minimal ausgeprägt und nüchtern verstanden sie auch sein mag. Sie leistet auch heute noch wie in allen übrigen Ländern die grundlegende Funktion der Integration. »Ohne gemeinsame Gefühle und Symbole«, schrieb der Soziologe Otto Hondrich, »ist die Integration nicht zu verwirklichen.« Deshalb erscheint die Position derjenigen, die – allen voran Jürgen Habermas – die These vertreten, als einzige nationale Identität könne man vernünftigerweise nur die »postnationale« akzeptieren, heute zunehmend abstrakter. Ihre These basierte auf dem von Dolf Sternberger formulierten »Verfassungspatriotismus« und stellte bis 1989 die weithin verbreitete westdeutsche Mehrheitsmeinung dar. Nach dem Mauerfall aber empfand man sie nicht nur im moralischen Sinn als kalt, sondern auch in der Praxis als unbrauchbar. »Meiner Meinung nach wird das vergrößerte Deutschland es schwer haben, die Merkmale der postnationalen Identität zu bewahren, wie sie Habermas sich dachte. Vielmehr wird sich Deutschland, zumal mit Regierungssitz in Berlin, zu einer Nation wie die anderen entwickeln müssen. Geschichte ist nicht statisch.«[25] Gerade im Gegensatz zu dem, was der Frankfurter Philosoph behauptet, für den die angeblich »erreichte Normalität« die letzte grandiose Lebenslüge des Regimes wäre[26], liegen die wahren Gefahren für die deutsche Demokratie in der Tatsache, daß Deutschland, um die Worte Helmut Schmidts zu gebrauchen, noch nicht und vielleicht »noch lange nicht normal« ist.

»Wir können der Tatsache, daß wir Deutsche sind, schon deshalb nicht entfliehen, weil wir von den andern Völkern als solche angesprochen und in die Pflicht genommen werden, ob wir das wollen oder nicht. Und wenn wir dies Thema ausblenden, überlassen wir es bloß denen, die es mißbrauchen. Die deutsche Teilung hat das Thema ›Deutschland‹ in beiden deutschen Staaten verdeckt.«[27] Offensichtlich handelt es sich um keinen einfachen und auch um keinen schmerzfreien Versuch. Aus zwei Gründen: Die Vereinigung der beiden Deutschland ist nach Ulrich Beck zu einem wahren Labor geworden, in dem man eine neue, unbekannte Art des Konflikts ausprobiert – den zwischen zwei unterschiedlichen Projekten der Moderne, nicht mehr den zwischen Kapitalismus und Kommunismus oder zwischen Ost und West. Konflikte wird es in Zukunft zwischen Regionen, zwischen Ländern und Gruppen geben, die jedoch, gerade aufgrund der Erfahrung mit der Moderne und der Kritik daran, das Projekt zu reformieren oder zu relativieren suchen. Kurz, es handelt sich um einen Streit zwischen zwei Auffassungen der Moderne. Genau das geschah beim Sturz der Mauer, als zwei entgegengesetzte Vorstellungen von der deutschen Zukunft aufeinanderprallten: die der Wessis, die von der friedlichen Utopie einer postmodernen, »grünen« und vom Leistungsprinzip freien Gesellschaft träumten und die der Ossis, verächtlich »Bananenfresser« genannt. Es genügt, daran zu denken, daß im Dezember 1989 der Berliner Kongreß der SPD sich mit der unerwarteten Herausforderung der Wiedervereinigung konfrontiert sah, während auf seiner ursprünglichen Tagesordnung die Abstimmung über ein strategisches Programm stand, das Westdeutschland bis zum Jahre 2000 über den Horizont der Industriegesellschaft hätte hinausführen sollen.

Aber es gibt einen zweiten Grund, der die Vorsicht rechtfertigt, die in Deutschland waltet, wenn es um die Möglichkeit einer »rationalen« Definition des Begriffs der Nation geht. Und in der Tat, dieser Versuch ist, wenigstens bisher, immer gescheitert. »Es ist dem deutschen Volk nicht gelungen, zur modernen Nation zu werden«, behauptet Karl Heinz Bohrer, »weil es zu keiner angemessenen Universalisierung des Volksbegriffs kam. Nachdem der nationalsozialistische Versuch, ebendies zu tun, scheiterte, fiel man auf den Status eines Volksbegriffs vor 1848 zurück und weigert sich zur Zeit hartnäckig, die Grenze vom Volk zur Nation noch einmal zu überschreiten.«[28]

Wird der Versuch, der in der Vergangenheit Deutschland und Europa »Blut und Tränen« gekostet hat, diesmal gelingen? Schwer zu sagen, aber soviel ist sicher, dieses kollektive Bewußtsein ist die notwendige Voraussetzung, um zu jenem weltweiten Nachdenken über die wirtschaftlichen, sozialen und geistigen Prioritäten zu gelangen, das allein dazu beitragen könnte, die Vereinigung Deutschlands trotz ungünstiger Konjunktur zu verwirklichen. Hier scheinen mir die wahren Risiken für die künftige Stabilität der Demokratie in Deutschland zu liegen: Jetzt, da es nicht mehr möglich ist, den Mythos vom ständigen Wohlstandswachstum als Funktionsersatz für eine reife demokratische Identität zu benutzen; jetzt, da die beiden Voraussetzungen wirkungslos geworden sind, die der Bonner Republik ihren friedlichen Charakter verliehen, die Mauer und das Wirtschaftswachstum, ist die Aussicht auf eine schwierige Phase der Unregierbarkeit sehr konkret geworden. Die Bedrohung für Deutschland geht nicht so sehr von der Geburt eines aggressiven Nationalismus aus, sondern von der explosiven Mischung des *bellum omnium contra omnes*, wobei sich jede soziale Gruppe partikularistisch und aggressiv hinter der Verteidigung ihres Eigeninteresses und dem Fehlen einer stabilen, definierten und akzeptierten nationalen Identität verschanzt. Die Bedrohung geht aus von einer Entscheidung zur radikalen Entsolidarisierung, einem Schlag, der das rheinische Kapitalismusmodell ins Herz treffen würde; denn sie würde natürlich die stärkeren Gruppen denen mit geringerer Verhandlungsmacht vorziehen. Und dies würde vor allem den Bürgern im Osten schaden, ohne daß das Kollektivbewußtsein sich auf das Fundament gemeinsamer Bezugssymbole stützen könnte. »Das Unglück besteht«, so Brigitte Seebacher-Brandt, »gerade in seiner Verleugnung, was in der Zeit der Teilung für uns zu einer Art zweiter Natur geworden war.«

Deutschland war, wie wir sahen, in der Vergangenheit zwar ein Reich, aber es war ihm nie gelungen, eine wirkliche Nation zu werden. Hinter der Maske des aggressiven und kriegerischen Nationalismus versteckte sich tiefe Zwietracht. »Es ist eine Tatsache, daß die Deutschen sich untereinander nicht leiden können«, schrieb Hans Magnus Enzensberger. »Die Gefühle, die bei der deutschen Vereinigung zutage getreten sind, lassen daran keinen Zweifel.«[29]

Vielleicht könnte, wie in jeder Tragödie, die ihren Namen verdient, auch in Deutschland die Lösung von einem Deus ex machina kommen: oder besser, von einer Neudefinition des Begriffs »das deutsche Volk«. Der amerikanische Historiker Henry A. Turner schrieb, wenn »the myth of ethnic national identity« endgültig beseitigt sein werde und die deutsche Identität nicht mehr *Volk*, sondern *people* sei, dann werde dies der letzte, entscheidende Schritt sein, um aus Deutschland ein »normales westliches Land« zu machen. Indem sie Frieden mit den anderen schlössen, würden die Deutschen Frieden mit sich selbst machen. Indem sie »den Ausländer« akzeptierten, wären sie geneigter, auch die tiefen Unterschiede zu akzeptieren, die ihre eigene Identität durchziehen.

Gehen wir also der Reihe nach vor und richten unsere Aufmerksamkeit auf jenen entscheidenden Aspekt der »deutschen Frage«, der in der problematischen Beziehung Deutschlands zur Figur des »Fremden« besteht, dieser Metapher der *conditio moderna*. Georg Simmel hat darüber entscheidende Seiten geschrieben, wobei er sich offensichtlich an die Ermahnungen des Talmud erinnert: »Wenn ein Fremder in deiner Nähe leben will, darfst du ihm das Leben nicht schwermachen. Er muß bei euch leben können wie ein im Lande Geborener, und du sollst ihn lieben wie dich selbst, denn auch ihr seid Fremde in Ägypten gewesen.«

In der Tat, genau dieses Problem ist in der Vergangenheit und auch heute noch die hauptsächliche Bruchstelle zwischen der westlichen politischen Tradition, die auf dem Primat des *demos* basiert, und der deutschen, die gefangen ist in der verhängnisvollen Illusion, die nationale Identität lasse sich durch den Primat des *ethnos* definieren. Nach Ralf Dahrendorf ist »die ethnische Definition der deutschen Nation eine grundlegende Schwäche des deutschen Nationalstaats«. Auf der einen Seite also *le peuple*, *the people*, *il popolo*, auf der anderen das *Volk*.

Der bekannte französische Anthropologe Louis Dumont hilft uns, dies zu verstehen. Er behauptet, wenn wir einen Franzosen nach seiner Identität fragten, würde er mit folgenden Worten antworten: »Je suis homme par nature et français par accident.« Ein Deutscher hingegen antworte, wenigstens bis vor kurzem, in ganz anderem Sinn, etwa: »Je suis essentiellement un Allemand et je suis un homme grace à ma qualité d'Allemand.«

Die historischen, kulturellen und geopolitischen Ursachen für »Deutschlands geistige Auseinandersetzung mit Europa« sind im ersten Teil untersucht worden: unsichere Definition der nationalen Identität, Ungewißheit der Grenzen, möglicher Widerspruch zwischen Deutschland als Kulturnation und seiner

Realität als Staatsnation. Dieser Meinungsstreit wiederholt sich auf symptomatische Weise in der Gegenüberstellung der beiden unterschiedlichen Prinzipien, die bei der Definition des Staatsbürgerrechts verwendet werden: Auf der einen Seite ist es das *ius soli*, das für den ganzen Westen gilt, auf der anderen das *ius sanguinis*, das heute nur noch in Deutschland und in der Schweiz, wenigstens was Europa betrifft, in Kraft ist. Im ersten Fall ist die Staatsbürgerschaft ein Recht, das jedem zusteht, der auf einem begrenzten Territorium, das juristisch als Staat definiert ist, geboren wird und dort lebt. Im anderen Fall handelt es sich um ein Abstammungsrecht, das sich mit dem Blut fortpflanzt und das höchstens in einigen Fällen gewährt, aber nie beansprucht werden kann, das an ziemlich restriktive Bedingungen und immer an die Verpflichtung gebunden ist, auf die ursprüngliche Nationalität zu verzichten. Nach David Schönbaum »besagt das *ius soli*, daß das in Frankreich geborene Algerierkind Franzose ist. Das *ius sanguinis* besagt dagegen, daß das in Berlin geborene, deutschsprachige und in deutschen Schulen erzogene Türkenkind Ausländer ist und es wahrscheinlich bleiben wird. Dagegen wird der aus Polen oder Kasachstan eingewanderte Aussiedler, der kein Deutsch kann und Deutschland nie betreten hat, deutscher Staatsbürger, sobald er darum bittet.«[30]

Heute bestehen alle Voraussetzungen, daß sich diese Situation endlich ändert. Und das nicht nur, weil die überwiegende Mehrheit der Deutschen, ihre politische und kulturelle Führung eingeschlossen, gelernt hat, daß es eine »tödliche Droge« (Henry Turner) ist, die nationale Identität auf das *ethnos* zu gründen. Es gibt politische Überlegungen, die Deutschland zum westlichen System hinführen. Nach der Vereinigung des Landes läßt sich kaum mehr bestreiten, daß es keine stichhaltige Rechtfertigung mehr gibt, bei der Vergabe der Staatsbürgerschaft weiterhin das *ius sanguinis* zu privilegieren. Trotz Widerständen von seiten der von der CSU angeführten Konservativen und von großen Teilen der CDU beginnt Deutschland zu begreifen, daß es zu einem »Einwanderungsland« geworden ist. Und daß es dazu bestimmt ist, dies zu bleiben. Wie alle anderen entwickelten westlichen Länder verurteilt es zu diesem Schicksal der eigene Fortschritt und der wachsende Geburtenrückgang. Zwei demographische Projektionen sollen dies verdeutlichen: Gegenwärtig hat Deutschland achtzig Millionen Einwohner. Wenn in Deutschland heute so viele Kinder geboren würden wie am Ende des vorigen Jahrhunderts (je 100 Frauen hatten 450 Kinder), aber mit den heutigen Lebenserwartungen, dann betrüge die Einwohnerzahl über eine halbe Milliarde. Im umgekehrten Fall, also mit der Geburtenrate von heute und der mittleren Lebenserwartung von damals, würde sich die Einwohnerzahl nur auf 23 Millionen belaufen. Im Jahre 2010 wird einer von vier Deutschen älter als sechzig Jahre sein. Zwanzig Jahre später, 2030, wird das Verhältnis auf eins zu drei steigen, gegenwärtig beträgt es eins zu fünf.

Man kann sich kaum vorstellen, daß eine Gesellschaft von reichen und konsumfreudigen alten Leutchen sich zu irgendwelchen törichten Abenteuern hinreißen lassen würde, um sich »Lebensraum« zu erobern; sie wüßten ja gar nicht, für wen. Die reaktionäre Utopie von der ethnischen Homogenität mußte der widersprüchlichen Realität weichen, die Daniel Cohn-Bendit und Thomas Schmidt »Heimat Babylon« nannten. Das »neue« Deutschland könnte man dann mit Caesars Gallien vergleichen: »est omnis divisa in partes tres«. Es gibt die Wessis, die wohlhabenden Bewohner des Westens; die Ossis, die unglücklichen Waisen des östlichen Kommunismus; und dann die über sieben Millionen Ausländer, die sogenannten Gastarbeiter, euphemistisch so benannt, damit man ihnen nicht die Staatsbürgerschaft geben mußte. Eine in der Tat ansehnliche Zahl!

»Wenn Japan für Asien getan hätte, was Deutschland für Europa tat, dann müßte es heute zwölf Millionen Immigranten beherbergen. Aber es hat praktisch keinen einzigen«, hob Lester Thurow zu Recht hervor. Die Zukunftsaussichten für Deutschland hängen also in starkem Maße davon ab, welche Entscheidung es hinsichtlich der Immigranten treffen wird. David Schönbaum fragt sich: »In welche Richtung wird Deutschland als Einwanderungsland einmal gehen? Weil das Ergebnis von politischen Entscheidungen abhängt, ist eine Vielzahl von Möglichkeiten denkbar. Sie reichen von einem neuen Wirtschaftswunder, hervorgebracht von den Immigranten, bis zu einem mitteleuropäischen Los Angeles oder sogar zu einem Beirut, in dem Banden aus Türkensöhnen, Polen, Immigranten deutscher Abstammung und Ostdeutschen sich in den Straßen von Rüdesheim und Chemnitz Schlachten liefern.«[31] Man könnte auch an das Entstehen eines »Superpreußen« denken, mit den russischen Juden anstelle der Hugenotten und mit den aus Anatolien stammenden Türken in der Rolle, die im vorigen Jahrhundert die Polen Schlesiens spielten.

Aber es gibt noch eine dritte Lösung: die schwierigste und faszinierendste, den Immigranten das Recht auf Staatsbürgerschaft zu geben, sie zu deutschen Staatsangehörigen mit allen Rechten und Pflichten zu machen. Natürlich hat auch diese liberale Lösung ihre Kehrseite: Die Probleme, vielleicht Risiken einer multikulturellen Gesellschaft zu unterschätzen wäre ein unverzeihlicher Fehler, vor dem angesehene und aufrichtig progressive Denker wie Enzensberger oder Richard Schröder gewarnt haben. »Wer sich eine multikulturelle Gesellschaft wie eine Hafenstadt vorstellt, in der man Menschen aus aller Herren Länder trifft, bleibt in der Beobachterperspektive des Tourismus hängen.«[32]

Und trotzdem: Die Überwindung der durch das *ius sanguinis* verursachten Diskriminierung würde endgültig das Risiko beseitigen, daß die deutsche Identität wieder der schrecklichen Illusion vom »Mythos der Rassereinheit« zum Opfer fallen könnte. Endlich würde der Schatten verschwinden, der sich mehr als ein Jahrhundert lang auf das »Wir« der Deutschen gelegt hatte. Deshalb zeigt die Haltung gegenüber Fremden in Deutschland wie eine Art Lackmuspapier seinen historisch-geistigen Zustand an. »Extreme Polarisationen verraten oft tiefe Unsicherheit gegenüber sich selbst: einerseits entlädt sich explosivartig Gewalt, die häufig in einer Atmosphäre passiven Einverständnisses entsteht, andererseits gibt es eine Welle reumütiger Gutherzigkeit, begleitet von Worten, die über ganz alltägliche Banalitäten nicht hinausgehen«, so 1993 der Historiker Dan Diner. Niemand fordert dazu auf, »die Ausländer zu lieben«, und kaum dazu – wie gewisse schöne Seelen der Linken –, aufrichtig zu versichern, »daß jeder Ausländer mein Freund ist«. Es ist eine Frage der Rechtssicherheit und nicht eine Frage von beruhigenden Appellen ans gute Herz. Diejenigen, die glaubten, sie müßten die Unantastbarkeit der Asylgesetze zu einer Art Maginotlinie der Demokratie machen[33], begingen einen fatalen Irrtum: Sie begriffen nicht, daß es möglich und notwendig war, eine Verbindung herzustellen zwischen der Revision des Artikels 16 des Grundgesetzes, der das Asylrecht betrifft, und der Reform des

Paragraphen 116, der nach dem Prinzip des *ius sanguinis* – also nach einer fortbestehenden völkischen Konzeption – festlegt, wer Deutscher ist. Den ersten Artikel müßte man einschränken, es sei denn, man möchte daraus ein Universalrecht für die gesamte Menschheit machen, nach dem man in Deutschland leben und seinen Wohnsitz haben kann, weil man ja in den Genuß des Wohlfahrtsstaates kommt, der Asylanten per Gesetz auf Kosten der Steuerzahler zugestanden wird. Den zweiten Artikel hingegen müßte man »verwestlichen«, indem man ihn erweitert und das Prinzip des *ius soli* einführt.

Gerade ein solcher Wandel in der Gesetzgebung würde einen epochalen Einschnitt markieren. Er würde eine Neudefinition des deutschen Volkes nach den Kriterien eines westlichen Territorialstaats mit sich bringen. Vom Deutschen durch Abstammung zum Deutschen durch Staatsangehörigkeit: Nur so wird man den historischen Wandel Deutschlands vom Reich zum Staat als ganz vollzogen ansehen können. Es befindet sich in der Tat zum ersten Mal innerhalb allgemein anerkannter Grenzen, gegen die niemand Einwände erheben kann. Zum ersten Mal in seiner Geschichte ist Deutschland auch in territorialem Sinn ein westlicher Staat. Um so dringender erscheint deshalb die rechtliche Umstellung seiner Bürger auf das *ius soli.* So gesehen verliert auch der Gegensatz zwischen »Verfassungspatriotismus« und nationaler Identität an Bedeutung, der in der Vergangenheit die deutschen Geister geteilt hat und der sie bis heute teilt.

»Die Armen Europas haben Amerika reich gemacht.« Dieser berühmte Ausspruch gilt jetzt für Deutschland. Übrigens galt er auch in ferner Vergangenheit: Die Verfolgten Europas, Juden und Hugenotten, fanden zum Beispiel Aufnahme in Preußen.

Aber mit dem Unterschied, daß man in Amerika, einer tief demokratischen Gesellschaft – gerade weil sie auf der Integration der verschiedenen Einwanderungswellen und auf der Einigkeit zwischen Unterschiedlichen (ex pluribus unum) beruht –, ganz anders verfuhr als in Deutschland. Hier wurde Immigranten die Staatsbürgerschaft nur »gewährt«, und deshalb kann sie, wie es unter Hitler geschah, auch wieder aberkannt werden. Auch heute gibt es für den, der sie nicht durch Abstammung besitzt, kein Recht, deutscher Staatsbürger zu werden. Aber es kann ein Recht werden, wie die hitzigen Diskussionen zeigen, die heute geführt werden. Der Tag, an dem auf die Frage: Wer ist Deutscher? das Gesetz antworten wird: »Wer die deutsche Staatsbürgerschaft besitzt. Sie wird entweder durch Geburt erworben oder unter bestimmten Voraussetzungen auf Antrag verliehen. Mit Haarfarbe, Hautfarbe oder Rasse hat das nichts zu tun, ... sondern allein mit ›Rechten und Pflichten‹ und, allerdings, mit dem erklärten Willen, zu dieser Gemeinschaft zu gehören«[34] – an diesem Tage darf man endlich sicher sein, daß Deutschland aufgehört hat, nur ein europäisches Land zu sein, sondern eine westliche Nation geworden ist.

Der deutsche Traum

»Gott helfe unserm verdüsterten und mißbrauchten Lande und lehre es, seinen Frieden zu machen mit der Welt und mit sich selbst.« Die eindringliche Bitte, mit der Thomas Mann am Neujahrstage 1937 seinen Brief schloß, ist endlich erhört worden. Deutschland hat seinen Frieden mit der Welt und mit sich selbst gemacht. Der alte deutsche Traum – schon Bismarck träumte ihn –, daß Deutschland schließlich eine »gesättigte« Nation werden könnte, ohne weitere »Ansprüche, die man mit dem Schwert erkämpfen könnte«, dieser Traum ist heute verwirklicht. Zum ersten Mal in seiner Geschichte hat der deutsche Nationalstaat seine Einheit nicht am Ende eines Krieges erlangt, sondern infolge internationaler Übereinkommen. Nicht *gegen* jemanden, sondern *mit* der Zustimmung der Alliierten und vor allen Dingen mit dem Einverständnis der angrenzenden Völker, vor allem mit dem Frankreichs und Polens.

Das heißt natürlich nicht, daß bei diesem Prozeß nur alles eitel Sonnenschein war. Wir brauchen uns nur an den schlimmen diplomatischen und politischen Fauxpas zu erinnern, den Mitterrand im Dezember 1989 beging, als er Hals über Kopf nach Ost-Berlin flog, um die Vereinigung Deutschlands dadurch zu verhindern, daß er die Marionettenregierung Modrows anerkannte, des Mannes, der das Regime Honeckers retten sollte.

Heute jedoch erkennt Europa die Grenzen an, innerhalb deren das »neue« Deutschland entstanden ist. Und Deutschland seinerseits hat sie offiziell als endgültig akzeptiert und ausdrücklich darauf verzichtet, weitere Gebietsansprüche zu erheben. Es hat dadurch ein für allemal die Lebenslüge beseitigt, es könne zu den Grenzen von 1937 zurückkehren. Von jetzt an nicht nur »im Westen, sondern auch im Osten nichts Neues«. Der heutige deutsche Staat ist nicht nur der einzig realistischerweise denkbare, sondern auch der von den Deutschen gewünschte. Geographie und Politik stimmen auch in Deutschland endlich überein. Der ewige Widerspruch zwischen Freiheit und Einheit, seit je die offene Wunde der modernen deutschen Geschichte, ist endgültig geheilt. Das gegenwärtige Deutschland ist eine Nation, die auf dem Fundament einer demokratischen Verfassung ruht. Es gibt keinen Gegensatz mehr zwischen *Verfassungsstaat* und *Nationalstaat*, sie haben die gleichen Grenzen. Die am entschiedensten von Habermas vertretene (sakrosankte) Idee, solange die Frage der Grenzen nicht gänzlich gelöst sei, den »Verfassungspatriotismus« zu betonen, um jedem möglichen nationalistischen Patriotismus entgegenzuwirken, der, gegen die Absicht Bonns, wiederum die trügerische Fata Morgana einer Revanche im Osten heraufbeschwören würde – diese Idee erscheint heute als Relikt eines endgültig überwundenen geistesgeschichtlichen Zusammenhanges. Deutschland stellt keine Bedrohung für Europa mehr dar, und für sich selbst scheint es endgültig jenes Einkreisungssyndrom überwunden zu haben, das es auf die verhängnisvolle Schiene von Abenteuer und Flucht nach vorn getrieben hatte.

Der Soziologe Ulrich Beck stellte vielleicht allzu optimistisch, aber sicherlich nicht ganz zu Unrecht die These auf, in der Politik habe das Freund-Feind-Denken aufgehört: Die klassische Gegenüberstellung, wie sie dem realistischen politischen Denken von Thukydides bis Carl Schmitt vertraut war, sei nicht mehr hermeneutisch entscheidend, um die Dialektik der postmodernen Gesellschaft zu verstehen. Mehr noch, Beck sprach von »Entkernung des Politischen«. Auch in den internationalen Beziehungen habe die objektive Situation der Interdependenz gegenwärtig einen Wunsch nach Kooperation erzeugt, der stärker sei als Konfrontation und Feindschaft. Das heißt natürlich nicht, daß jetzt der »ewige und allgemeine Friede ausgebrochen« ist. Das heißt ganz einfach, daß auch auf internationaler Ebene eine neue »Kategorie des Politischen« definiert werden muß, die zum Beispiel fähig ist, die andersartige Phänomenologie, die Konflikte und Konfrontationen angenommen haben, zu begründen. Es handelt sich nicht mehr um die traditionelle Feindschaft zwischen Klassen oder Staaten: Die Logik des Kompromisses scheint die Oberhand gewonnen zu haben. Jugoslawien ist nicht nur die klassische Bestätigung der Regel durch die Ausnahme: Sie führt den Wahnsinn einer solchen Politik vor Augen. Jedenfalls, wenn es sich um das Auftauchen globaler Herausforderungen handelt, mit denen der Westen in Zukunft rechnen muß, angefangen vom Fundamentalismus bis hin zur »großen Völkerwanderung«. Gerade im Falle Deutschlands zeigt sich ein radikaler Wandel in der Vorstellung der Feinde und der Gefahren, von denen dies Land sich in der Vergangenheit, gleichgültig ob zu Recht oder zu Unrecht, bedroht fühlte.

Heute nun bietet sich der deutschen Nationalgeschichte eine neue große Chance: damit aufzuhören, die klassische »deutsche Frage« zu verkörpern und statt dessen zum Zentrum einer neuen Hoffnung für den alten Kontinent zu werden. Wie Hagen Schulze feststellt, sind »die wichtigsten Ursachen für die politisch-kulturelle Krankheit der europäischen Mitte in den vergangenen hundertfünfzig Jahren verschwunden oder unwichtiger geworden«. Also: Deutschland kann unter den veränderten Bedingungen zum treibenden Element werden, nachdem es in der modernen deutschen Geschichte der Störfaktor war.

In einem Aufsatz hebt Luigi Einaudi diesen Aspekt heraus: »Die Kriege 1914–18 und 1939–45 waren der tragische Beweis für die geschichtliche Notwendigkeit des wirtschaftlichen Zusammenschlusses der Welt. Wilhelm II. und Hitler haben ein Problem geschaffen, das gelöst werden muß.«[35] Nachdem es eine ständige Bedrohung für das europäische Gleichgewicht darstellte, kann dieses Land endlich ein stabilisierendes Element sein.

Eine neue Illusion? Nur ein Traum, dazu bestimmt, auf die zähe Wirklichkeit der ehernen Gesetze der Geopolitik zu stoßen? Vielleicht nicht. Aber dieser Traum wird nur dann Wirklichkeit, wenn gewisse Bedingungen erfüllt werden. Sonst wird auf die x-te Illusion unweigerlich die x-te bittere Enttäuschung folgen. Und nach all den großen Hoffnungen auf einen neuen Anfang der deutschen Geschichte wird man wie Bismarck in Friedrichsruh feststellen müssen: »Dies Volk kann nicht reiten! Ich sage dies ohne Bitterkeit und ganz ruhig: ich sehe sehr schwarz in Deutschlands Zukunft.«

Versuchen wir, klar in die nächste deutsche Zukunft zu sehen. Die Wiedervereinigung von 1990 war nicht der x-te Geniestreich Deutschlands: wir haben dieses Thema schon mehrmals von allen Seiten betrachtet. Und nicht nur, weil die Bildung des deutschen Nationalstaats – im Unterschied zu 1870/71 – nicht am Beginn, sondern am Ende der Krise stattfand, welche die festgelegte Ordnung der europäischen Gleichgewichte störte. Deutschland hat eine seiner »lebenswichtigen Entscheidungen« nicht erzwungen, sondern es hat sie – widerstrebend nur – hinnehmen oder wenigstens zur Kenntnis nehmen müssen, daß die geopolitische Dynamik der morphologischen Neuordnung Osteuropas und die Beendigung des kalten Krieges das Thema seiner Wiedervereinigung auf die Tagesordnung setzten und daß diese deshalb keine »schädliche Fata Morgana« war, wie Altiero Spinelli befürchtete.

Es gibt jedoch noch einen anderen, im allgemeinen kaum beachteten Aspekt, dem zufolge die heutige europäische Situation einen im 20. Jahrhundert völlig unbekannten Charakter angenommen hat. Deutschland ist eine andere Rolle zugefallen als die klassische mitteleuropäische, die es von jeher bis zum

Ende des Zweiten Weltkrieges spielte: Die Amerikaner bezeichnen sie als *partnership in leadership*. Der Fall der Berliner Mauer hat einen Kreis der Geschichte geschlossen, der sechzehn Jahrhunderte dauerte: Sie hat der geistigen Spaltung Europas ein Ende gesetzt, die gegen Ende des 4. Jahrhunderts mit der Aufteilung in das West- und Oströmische Reich begann. Heute existiert weder politisch noch wirtschaftlich und am allerwenigsten kulturell eine glaubhafte Alternative zum Westen: Europa ist der Westen. Das mag manchem nicht passen, aber es ist einfach so. Auf der anderen Seite gibt es nur die Barbarei des stalinistischen Nationalismus, religiöse Bürgerkriege, neue »Tribalismen« oder die Praxis der »ethnischen Säuberung« im Namen »Großserbiens«. Die *geistige* Einigung des Kontinents bildet jedoch die Voraussetzung für die *politische* Einigung Deutschlands. Diese radikale Neubestimmung der geopolitischen Koordinaten müßte zugleich die Möglichkeit begraben, die alte unheilvolle Illusion vom »Sonderweg« könnte wiederaufleben. Für Deutschland, das wieder konstitutiver Teil des Westens geworden ist, besteht kein Anlaß mehr, wieder zum Wanderer zwischen Ost und West zu werden. Oder, schlimmer noch, darauf zu hoffen, es könnte Europa mit einem neuen Rapallo erpressen, indem es die Rolle des Schiedsrichters übernimmt, des »ehrlichen Maklers«. Dieser klassische Topos, beliebt in der deutschen Diplomatie von Bismarck bis Stresemann, kam nach dem Kriege wieder in einigen »neutralistischen« Positionen der SPD zum Vorschein, welche dann die »ausgewogenen« Interpretationen der Entspannungspolitik begründeten.

Darüber muß man sich klar sein: Wenn das vereinte Deutschland ein westliches Land bleibt und wenn es in vergrößertem Maßstab das Programm weiterführt, das Adenauer und die alte Bundesrepublik begonnen haben, dann wird man zweifellos sagen dürfen, daß der *deutsche Traum* sich verwirklicht hat – trotz Geschichte und Geographie. »Goethe konnte erkennen, was wir nach dem Zerfall des deutschen Nationalstaats erst mühsam wieder lernen müssen: deutsche Politik und deutsche Kultur waren zu allen Zeiten abhängig von den Einflüssen europäischer Politik und europäischer Kultur, Einflüsse, die von allen Seiten in die Mitte Europas hineinströmten, dort aufgenommen, zu eigenem verarbeitet und wieder ausgestrahlt wurden. Vielleicht liegt es an der traditionellen Beschränkung unseres Blicks auf Mitteleuropa allein, daß uns die Frage nach der deutschen Geschichte so schwierig scheint. Im europäischen Zusammenhang jedenfalls gewinnt die deutsche Geschichte, was ihr als Nationalgeschichte fehlt: Eigenart und Kontinuität.«[36]

Wenn aber Deutschland, trotz der günstigen Bedingungen, unter denen sich die Vereinigung vollzog, und trotz des »Sieges des Westens« (Peter Glotz) aufs neue den Lockungen des Ostens erlegen wäre und so wiederum, hervorgerufen durch die Krise, in welcher der europäische Einigungsprozeß heute steckt, auf die unselige Bahn seiner mitteleuropäischen Machtpolitik zurückgeworfen würde? Und wenn ein neuer *Drang nach Osten* entstanden wäre, mit der Illusion, über jenen geopolitischen Raum zu herrschen, den Mackinder das »Herzland Europas« nennt, und auf diese Weise »die Welt zu besitzen«?

Der Zweifel geht um, und er ist sicherlich berechtigt. Auch für Ralf Dahrendorf ist dies die entscheidende Frage: »Wird das vereinigte Deutschland zum Westen gehören oder nicht?«[37] Noch alarmierter ist Arnulf Baring. Voller Pessimismus glaubt er, in der deutschen öffentlichen Meinung breite sich die Illusion aus, Deutschland sei für sich allein in der Lage, ein stabiles Land zu bleiben. Das sei jedoch »ein großer gefährlicher Irrtum, der uns teuer zu stehen kommen kann. Denn wir haben zwar nicht mehr die Macht, die Welt zu stürzen. Aber die Möglichkeit, uns selbst schwer zu schaden, um Selbstbestimmung und Wohlstand zu bringen, ist uns geblieben. Unser neuer Größenwahn liegt, kurz gesagt, in der träumerischen Selbstüberschätzung, mit der wir annehmen, wir könnten aus eigener Kraft und ganz risikolos nach der Westintegration nun eine vergleichbar intensive, ähnlich positive Ostorientierung bewerkstelligen, ohne das amerikanische Fundament zu beschädigen, ja zu beseitigen, auf dem die Bundesrepublik ruht.«[38]

Es ist jedoch Vorsicht geboten. Wie immer in der Geschichte präsentieren sich alte Probleme in neuem, oft recht überraschendem Gewand. Das Mißtrauen gegen den Westen ist ein klassischer Topos im deutschen Denken des 20. Jahrhunderts. Selbst bei Max Weber finden wir die Unterscheidung zwischen *Abendland* und *Okzident*, der geographischen Entsprechung von *Kultur* und *Zivilisation*. Deutschland sprach von sich selbst immer nur als »Abendland«, das heißt, es hielt sich für die Stätte des Geistes (und später des Blutes) im Unterschied zum übrigen »westlichen Westen«, der als materielle Zivilisation, als Welt der Technik, als Logik der Interessen beurteilt wird, als angelsächsische Mentalität, französischer Kosmopolitismus und »jüdischer« Materialismus.

Heute benutzt natürlich niemand mehr diese reaktionären Termini. Aber der antiwestliche Affekt existiert noch, wie auch das antiamerikanische Ressentiment immer noch verbreitet ist.[39] Nur daß diese Gefühle im Vergleich zu früher anders zum Ausdruck kommen. Sie stehen sozusagen auf einer anderen Seite: Ein Teil der Linken, »teutonisch« geworden, verkörpert heute den »tedesco redivivo«.[40] In vollkommener Ahnungslosigkeit, was die Geschichte der Vergangenheit betrifft, und die möglichen herben Konsequenzen eines solchen Verhaltens nicht einmal ahnend, hat sie sich im Namen des »Pazifismus« zur erbitterten Verteidigerin einer erneuten »Sonderrolle« Deutschlands gemacht mit ausgesprochen feindlicher Haltung gegenüber den Vereinigten Staaten. »Die traditionelle Differenz Deutschlands zum Westen ist angesichts des Krieges am Golf nochmals virulent geworden«[41], als während der Demonstrationen gegen die »imperialistische amerikanische Aggression« Parolen wie »Kein Blut für Öl« auftauchten, wie sie die reaktionären Autoren der dreißiger Jahre zu benutzen pflegten.

Diese »antiwestliche« Einstellung zeigt zahlreiche Varianten, in der Substanz jedoch bleibt sie sich gleich. Da gibt es jemanden auf der Linken, der Jalta »das zweite Versailles« nannte. Da unterstützte eine so bekannte Persönlichkeit wie Pastor Albertz die Auffassung, nach der »Deutschland (...) ein besetztes Land« ist. Ein Oppositionsführer in der DDR schrieb während der pazifistischen Kampagne gegen die Aufstellung der Pershing-Raketen »einen Brief für die deutsche Einheit«. Die »antiimperialistischen« Argumente, die das alte Regime im Namen des proletarischen Internationalismus benutzte, haben sich heute zu nationalistischen Slogans gewandelt: So geschehen während einer Demonstration in Dresden anläßlich des Jahrestages des schrecklichen Bombardements der Engländer und Amerikaner im Jahre 1944. Da gab es jemanden an der Spitze der sozialdemokratischen Linken, der nicht zögerte, die Blauhelme das »Feigenblatt« zu nennen, das die Wirklichkeit verdecke: Die UNO sei ein bloßes Werkzeug[42] in den Händen der Amerikaner.

Oder man setzt sich, wie Peter Glotz, eine Art Neogaullismus zum Ziel und strebt nach größerer politischer Unabhängigkeit von den Vereinigten Staaten. Es sei im Interesse der Europäer, daß sie ihre Entscheidungen selbst treffen könnten. Zur Erreichung dieses Ziels schlägt Glotz vor: »Die einzig denkbare Alternative zur NATO ist die Europäische Gemeinschaft – auch keine pazifistische Vereinigung, kein Verbund, in dem die Garantie für kluge Friedfertigkeit besteht. Allerdings ist der deutsche Einfluß in der EG größer als in der NATO. Das ist ein Grund für manche unserer Nachbarn, am Status quo erbittert festzuhalten. Aber für uns auch?«[43]

Also Europa gegen Amerika? Es ist paradox: Wenn heute die Gefahr besteht, daß Deutschland sich aufs neue zu einem Alleingang aufmacht, indem es Machtpolitik alten Stils betreibt, dann ist sie durch die Äußerungen derjenigen entstanden, die im Namen der »vergangenen Schuld« zum Recht und zur Pflicht eines Sonderwegs aufrufen. Diesmal jedoch soll er die wiedergefundene »deutsche Unschuld« nachweisen. Deutschland soll wie Magdalena sein, die zur Heiligen wurde, nachdem sie viel gesündigt hatte. »Der Gedanke, daß Deutschland als Zivilmacht besonders geeignet ist, Frieden zu bringen, zeugt von einer gewissen Arroganz. Wieso besonders geeignet?« Das fragt sich der amerikanische Historiker Charles Maier. Noch stärker polemisiert Andrei Markovits: »Es ist arrogante Überheblichkeit zu glauben, daß die von den Deutschen vor fünfzig Jahren im Namen Deutschlands begangenen Verbrechen die Deutschen heute befähigen müßten, eine verständnisvollere und sensiblere Macht zu sein als diejenigen, die solche Verbrechen nicht begangen haben.«[44]

Abgesehen von isolierten, lächerlich nostalgischen Stimmen unterstützt heute niemand in Deutschland den Gedanken einer Rückkehr zur Großmachtrolle. Es besteht im Gegenteil eine konkrete Gefahr, Deutschland könnte sich gerade in dieser Rolle wiederfinden, wenn es sich weiterhin weigern sollte, im Guten wie im Bösen wie ein normales Land zu handeln. In die Illusion einer Sonderaufgabe zu fliehen: Was gestern Tod und Zerstörung brachte, müßte heute »weltweite Verbrüderung« bringen. »In ihrer politisch-intellektuellen Unredlichkeit geradezu schamlos sind dabei diejenigen, die gestern noch das Ende des Nationalstaates verkündeten, nationale Souveränität als verstaubten Plunder abtaten, sich als Westeuropäer *sans phrase* gerierten, jetzt, angesichts einer militärischen Aktion, die das Mandat der Vereinten Nationen hat, unverblümt eine nationale Sonderrolle Deutschlands beanspruchen.«[45] Man darf jedoch nicht vergessen, daß diese schizophrene Haltung eines Teils der öffentlichen Meinung und der politischen Klasse in Deutschland sein Spiegelbild hat im ebenso schizophrenen Verhalten des Westens gegenüber Deutschland. Bekanntermaßen ist er immer bereit, jede seiner Entscheidungen zu kritisieren, welche immer es trifft. Es wäre wichtig, den Sinn für Maß und Ausgewogenheit wiederzufinden.

Kommen wir zum Schluß. Ist aus dem einst »ruhelosen Reich« ein »Reich wider Willen« geworden, das nach Karl Heinz Bohrer »die Flucht aus der Weltpolitik in den Märchenwald« beschlossen hat, »wo es niemand findet«? Wohl nicht, wie groß auch immer die Versuchung für die Deutschen sein mag, den »Ruf der Geschichte« zurückzuweisen und zur friedlichen großen Schweiz zu werden. Denn wenn es so wäre, dann liefen nicht nur die Deutschen Gefahr, sich aufs neue selbst zu verraten. Mit einer solchen Haltung würden sie gefährliche Spannungen im westlichen Allianzsystem hervorrufen. Eine deutsche Weigerung, an der Durchsetzung des Völkerrechts mitzuwirken, würde von den übrigen Demokratien entweder als kaschierte Fortsetzung der unseligen deutschen Tradition eines antiwestlichen Sonderwegs oder als feige Verweigerung von Verantwortung gesehen werden, ausgerechnet bei einem Land, das seinen heutigen Status der Bereitschaft seiner Partner verdankt, derartige Verantwortung während der gesamten Nachkriegszeit wahrzunehmen. Eine für Deutschland und Europa letztlich verheerende Isolierung wäre die Folge einer solchen Verweigerung – und damit eine weltweite Instabilität. Der isolationistische Traum vom »guten Willen« geriete unweigerlich zum Alptraum, der aufs neue alten Argwohn und nie völlig eingeschlafene Idiosynkrasien aufwecken würde. Nicht ein wirtschaftlich starkes und sich seiner auf internationaler Ebene größer werdenden Rolle bewußtes Deutschland, sondern ein Land, befallen von alten und neuen Schwächen, zurückgezogen auf sich selbst, gepackt von unklaren Ängsten: Das wäre die neue »deutsche Gefahr«.

»Es nähert sich unvermeidlich der Moment, in dem das politische Gewicht Deutschlands sich dem wirtschaftlichen anzugleichen beginnt, dann könnten die Versuchungen für eine neue Flucht aus der westlichen Gemeinschaft, für ein drittes Herrschaftsabenteuer und Rache für 1945 Wirklichkeit werden. Erst dann wird die große Bestätigungsprobe für die Vernunft der Deutschen kommen, erst dann werden wir wissen, ob die Hoffnungen der vergangenen Jahre wie so viele jüngste Hoffnungen nicht Illusion waren.«[46]

Jener Moment, den Golo Mann lange voraussah, ist jetzt da. Was wird Deutschland tun? »What Kind of ›Power‹ Will Germany Be?« Aus mehr als einem Grunde dürfen wir optimistisch sein. The Wall Street

Journal scheint uns dies nicht nur aus einer vagen Hoffnung heraus, sondern mit pascalscher Logik zu empfehlen, indem die Zeitung dafür eintritt, daß die Politik Deutschlands ermutigt und nicht verkehrt wird in antideutsche Paranoia, weil »die Paranoia Wirklichkeit werden kann und deshalb eine Politik der Kooperation einer Politik der Paranoia und Konfrontation vorzuziehen ist«. Und sie empfiehlt es nicht nur wegen der Garantie, die das überzeugte Europäertum Kanzler Kohls zweifellos bietet. Als echter Zögling Adenauers hat er versichert, daß Deutschland Europa braucht: »Wegen unserer geographischen Lage kann es für uns Deutsche nicht gleichgültig sein, welcher Weg auf Deutschland wartet, ob man in Europa unwiderruflich zu politischer und wirtschaftlicher Übereinstimmung gelangt, oder ob man wieder zu den nationalen Rivalitäten früherer Zeiten zurückkehrt.«[47]

Am Ende dieser langen Reise durch die Vergangenheit und Gegenwart Deutschlands können wir feststellen: Es gab immer »ein anderes Deutschland«, das sich nach dem Zweiten Weltkrieg endlich durchsetzen und zu einer nun schon ein halbes Jahrhundert währenden Erfahrung von Stabilität und Demokratie werden konnte. Gewiß ist die heutige politische Situation in Europa völlig verschieden von der damaligen, und es gibt einen hohen Grad von Instabilität. Nachdem Deutschland eine Epoche erlebt hat, in der die Geschichte vorherbestimmt war, muß es jetzt, zur größten Macht östlich von Washington und westlich von Moskau geworden, eine völlig neue Situation bestehen – und mit ihm das westliche System –, in der die Geschichte äußerst unbestimmt erscheint und deshalb jener des 19. Jahrhunderts erstaunlich zu ähneln scheint. Es scheint jedoch nur so. Die Geschichte kehrt zwar zurück, aber niemals als dieselbe.

Wird Deutschland in der Lage sein, dieser veränderten Situation zu begegnen und die schmale Straße zwischen der Erinnerung an die in der Vergangenheit begangenen Verbrechen und dem Vorhandensein der neuen Herausforderung in der Gegenwart zu durchlaufen? Wird es, um es mit Lepenies' Worten zu sagen, in der Lage sein, »nolens volens ein europäischer Nationalstaat zu werden, selbstsicher genug, die eigenen Interessen zu verfolgen, aber maßvoll und zivilisiert in ihrer Durchsetzung«?

Oder wird statt dessen das Syndrom »der Vergangenheit, die nicht vergehen will« die deutsche Zukunft beeinflussen? In den Zeitungen, die wir während unseres profanen Morgengebetes durchblättern, werden wir die Antwort finden. Für den Augenblick besteht unsere einzige Gewißheit darin, daß wir mit Dostojewski sagen können: »In diesem Moment entsteht für Deutschland eine neue Angst, und es zeichnet sich eine neue Wende ab, die seine Aufgabe außerordentlich erschwert.« In der Tat, auch wenn er kein »Meister aus Deutschland« mehr ist, der Krieg ist zurückgekehrt und streift die Grenzen Deutschlands.

Anmerkungen

1.
Die Rückkehr der Geschichte

1 Thomas Mann, Gedanken im Kriege 1914. In: Schriften zur Politik, Frankfurt 1973, S. 23.
2 Louis Dumont, L'idéologie allemande, Paris 1991, S. 88.
3 »Man redet von mehreren möglichen deutschen Zukünften und deshalb auch von mehreren deutschen Vergangenheiten.« Hagen Schulze, Gibt es überhaupt eine deutsche Geschichte?, Berlin 1989, S. 9.
4 Ernst Cassirer, Die Idee der republikanischen Verfassung. Rede zur Verfassungsfeier am 11. August 1928, Hamburg-Berlin 1929.
5 »Kann man die Zukunft auf dem Vergessen der Vergangenheit aufbauen? Das scheint mir das falsche Heilmittel zu sein. Die Antwort auf eine zwanghafte Beschäftigung mit der Vergangenheit ist nicht das Vergessen, sondern ihre Überwindung. (...) Erst unter dieser Voraussetzung können die Historiker darauf beharren, daß Auschwitz nicht das Ende der Geschichte bedeutet und nicht die Entelechie des 20. Jahrhunderts war.« Charles S. Maier, Die Gegenwart der Vergangenheit. Geschichte und nationale Identität der Deutschen, Frankfurt 1992 (amerikanische Ausgabe, Harvard 1988).
6 Richard von Weizsäcker, Ansprache bei der Verleihung des Heine-Preises 1991 in Düsseldorf, zit. nach Frankfurter Rundschau vom 18. Dezember 1991.
7 Fritz Stern, Die zweite Chance. Die Wege der Deutschen. In: Frankfurter Allgemeine Zeitung vom 26. Juli 1990.
8 Michael Stürmer, Was von der Abschreckung bleibt. In: Frankfurter Allgemeine Zeitung vom 3. Februar 1993.

9 Jacob Burckhardt, »Weltgeschichtliche Betrachtungen«, München 1982, S. 348 f.

10 Alain Minc, Le syndrome finlandais, Paris 1986, S. 120.

11 Andreas Hillgruber, Die Zerstörung Europas. Beiträge zur Weltkriegsepoche 1914–1945, Berlin-Frankfurt, S. 78.

12 J. Wolfgang Mommsen, Wandlungen der deutschen Identität. In: Die Identität der Deutschen, hrsg. von Werner Weidenfeld, Bonn 1983, S. 84.

13 Thomas Nipperdey, Wie das Bürgertum die Moderne fand, Berlin 1988, S. 12.

14 Karl Jaspers, Freiheit und Wiedervereinigung, München 1960, S. 53.

15 In der Realität handelt es sich um eine geglückte Synthese: »Das heutige Deutschland ist eine geglückte Synthese aus Bismarcks Reich und Adenauers Rheinbundstaat. Anders gesagt: Wir leben im Deutschland Bismarcks, aber in der weltoffenen republikanischen Form, die ihm Adenauer gegeben hat.« Arnulf Baring, In Bismarcks Grenzen, Frankfurter Allgemeine Zeitung.

16 André Glucksmann, Corriere della Sera, 9. November 1993: »Die deutsche Wiedervereinigung setzte einen Schlußstrich unter die Katastrophe des Zweiten Weltkrieges. Und siehe da, unsere politischen Köpfe kehrten in aller Eile zu den Denkkategorien zurück, die das Blutbad des Ersten Weltkrieges legitimierten. Die brillanten Geister unserer Regierung sind im Begriff, die Gespenster zu schaffen, die auszutreiben sie vorgeben... Den Zauberlehrlingen von Paris und London wird es am Ende gelingen, ihr Ziel zu erreichen: sie sind nämlich dabei, die deutsche Demokratie zu schwächen...; sie sind dabei, die Deutschen mit großer Geschwindigkeit zu ›deeuropäisieren‹. Damit riskieren sie, die Deutschen wieder ihren alten Dämonen auszuliefern, ohne ihnen einen Ausweg zu lassen. Man kann nicht törichter und weniger vorausschauend sein, als es Paris und London zwischen 1989 und 1993 waren.«

17 Daniel Hamilton, Germany after Unification. In: Problems of Communism, Mai-Juni 1992.

18 Walter Laqueur, Was ist los mit den Deutschen? Frankfurt 1987, S. 26.

19 Theodor W. Adorno, Negative Dialektik. In: Gesammelte Schriften, Frankfurt 1973, Bd. 6, S. 358.

20 Christian Meier, 40 Jahre nach Auschwitz. Deutsche Geschichtserinnerung heute, München 1987, S. 72.

21 Protokoll des Programm-Parteitags der SPD, Berlin, 18.–20. Dezember 1989. Inzwischen scheint Grass seine Position ziemlich revidiert zu haben.

22 Patrick Süskind, Deutschland, eine Midlife-crisis. In: Angst vor Deutschland, besorgt von U. Wickert, Frankfurt 1990.

23 Eine Mischung von »Besitzindividualismus, ökonomischen Interessen und postnationaler Identität«, so Christian Fenner.

24 Timothy Garton Ash, Le rovine dell' impero. Europa centrale 1980–1990. Milano 1992.

25 Wolf Biermann, Nur wer sich ändert, bleibt sich treu. Der Spiegel Nr. 3, 1992, S. 94. »Das groß angelegte Tierexperiment an lebendigen Menschen ist beendet. Ja, schade, aber auch ein Glück. Sogar der ordinärste Anschluß an die Bundesrepublik ist immer noch besser als alles, was vorher war.«

26 Immanuel Kant, Werke, Berlin 1922, Bd. 7, S. 398 bis 401.

27 Wolf Lepenies, Folgen einer unerhörten Begebenheit. Die Deutschen nach der Vereinigung. Berlin 1992, S. 54. Sehr richtig stellte Thomas Schmid fest: »Es könnte erstaunen, welchen Unsinn Intellektuelle wie Habermas, Grass und Jens zur deutschen Einheit geäußert haben. Aber es ging um die Verteidigung des Monopols auf Deutungskompetenz.«

28 Christa Wolf, Wo ist euer Lächeln geblieben? In: Du. Die Zeitschrift der Kultur, Heft 7, 1991, zitiert nach Horst Domdey, Feindbild DDR. In: Kursbuch Nr. 192, 1992.

29 »Die Denker des dritten Weges allerdings tendieren bezeichnenderweise dazu, aus diesen Interessenartikulationen sogleich moralische Instanzen zu konstruieren, denen man sich, will man weiterhin ein guter Mensch sein, zu unterwerfen hat.« Ulrich Oever-

mann, Zwei Staaten oder Einheit? Der »dritte« Weg als Fortsetzung des deutschen Sonderweges, Merkur, Februar 1990, S. 106.
30 Volker Braun, Die Erfahrung der Freiheit. In: Neues Deutschland, 11./12. November 1989. Zitiert nach Horst Domdey, siehe Anm. 28.
31 Wolf Biermann, Das Karnickel frißt die Schlange, Köln 1991, S. 16.
32 Albert Hirschman, Il crollo della Repubblica Democratica tedesca. In: Il Mulino, 6, 1992.
33 Friedrich Nietzsche, Menschliches, Allzumenschliches, Krit. Gesamtausgabe, Berlin 1967, 4. Abt., 3. Bd., S. 147.
34 Konrad Adenauer, Briefe über Deutschland, Berlin 1986, S. 89.
35 Gottfried Benn, Gesammelte Werke Bd. I., S. 388, Stuttgart 1987.
36 Jürgen Kocka, Nur keinen Sonderweg. In: Die Zeit, Nr. 43, 1990.
37 Konrad Adenauer, a. a. O., S. 35.
38 Die nachholende Revolution, Frankfurt 1990, S. 208 bis 209.
39 Fritz Stern, Der Traum vom Frieden und die Versuchung der Macht, Berlin 1988, S. 232.
40 Nach Christian Fenner: »Provinzialismus und weltbürgerliche Perspektive bestimmen ein grenzenloses Denken, das Universalismus (Ökologie und Frieden) und einen eigentümlichen privaten Solipsismus miteinander verbindet.«
41 Antje Vollmer, Der Krieg der Generationen ist neu eröffnet. In: Die Zeit, Nr. 52, 1990.
42 Jürgen Habermas, Die nachholende Revolution, a. a. O., S. 214.
43 Brigitte Seebacher-Brandt, Die Linke und die Einheit, Berlin 1991, S. 51.
44 Dieter Groh/Peter Brandt, Vaterlandslose Gesellen. Sozialdemokratie und Nation 1860–1990, S. 332 f.
45 Karl Heinz Bohrer, Deutsche Revolutionen und protestantische Mentalität. In: Merkur, 9-10, 1992.
46 Groh/Brandt, a. a. O., S. 334.
47 Andreas Hillgruber, Die Zerstörung Europas, a. a. O., S. 78.

48 Brigitte Seebacher-Brandt, Abschied von den Eltern. In: Frankfurter Allgemeine Zeitung vom 12. Dezember 1990.
49 Max Weber, Politik als Beruf? In: Gesammelte politische Schriften, Tübingen 1958, S. 547.
50 Fritz Stern, a. a. O., S. 222. Siehe dazu auch die polemische Analyse über die Folgen der »deutsch-jüdischen« Emigration für das amerikanische Denken von Alan Bloom: »The Closing of the American Mind«, New York 1987.
51 Alain Minc. In: Der Spiegel, Nr. 52, 1993.
52 Ernst Nolte, Die unvollständige Revolution. In: Frankfurter Allgemeine Zeitung vom 24. Januar 1991.
53 Thomas Schmid, Pinscherseligkeit. In: Die Zeit, Nr. 15, 1992

2.
Von Lessing bis Hitler

1 Gerhard Ritter, Europa und die deutsche Frage, München 1948, S. 11.
2 Benedetto Croce, Europa und Deutschland. Bekenntnisse und Betrachtungen, Bern 1946.
3 Immanuel Kant, Idee zu einer allgemeinen Geschichte in weltbürgerlicher Absicht, Werke VIII, Akademie-Textausgabe, Berlin 1968, S. 28.
4 Novalis, zitiert nach Friedrich Meinecke, Weltbürgertum und Nationalstaat, München 1962, S. 66
5 Friedrich Schlegel, Vorlesungen von 1804–1806, zitiert nach Friedrich Meinecke, a. a. O., S. 77.
6 Schollenpatriotismus, der an »der Erdscholle, dem Flusse, dem Berge« haftete, so kritisch Fichte.
7 Hagen Schulze, Gibt es überhaupt eine deutsche Geschichte? Berlin 1989, S. 37. Siehe auch: Michael Stürmer, Kein Eigentum der Deutschen. Die deutsche Frage. In: Die Identität der Deutschen, hrsg. von W. Weidenfeld, Bonn 1983, S. 97. »Und die Nation ›verschwand‹ hinter der rassenbiologischen, tödlichen Utopie.«

8 Friedrich Meinecke, a. a. O., S. 84.
9 Karl Mannheim, Das konservative Denken, 1927. In: Archiv für Sozialwissenschaft und Sozialpolitik, 57, S. 68.
10 Zitiert nach Meinecke, a. a. O., S. 71.
11 Zitiert nach Meinecke, a. a. O., S. 73.
12 Meinecke, a. a. O., S. 78.
13 Thomas Mann, Rede vor der Library of Congress, Washington 1945.
14 Thomas Mann, siehe Anm. 13.
15 Dolf Sternberger, Die deutsche Frage. In: Der Monat, Juni 1947, S. 16 ff. Siehe auch: Oswald Spengler, Vom deutschen Volkscharakter, 1927. In: Reden und Aufsätze, München 1951[3], S. 132: »Unsere Geschichte ist dem Sinne nach etwas anderes: der immer wiederholte Versuch, einen Anfang zu finden.«
16 Germaine de Staël-Holstein, Über Deutschland. München o. J., S. 26.
17 Germaine de Staël-Holstein, a. a. O., S. 20.
18 Heinrich Heine, Deutschland. Ein Wintermärchen. Einleitung. In: Sämtliche Schriften Bd. III, München 1971, S. 639.
19 Friedrich von Schiller, Deutsche Größe. In: Werke Bd. XIII, Horenausgabe, München und Leipzig, S. 274 f.
20 Heinrich Heine, Zur Geschichte der Religion und Philosophie in Deutschland. In: Sämtliche Schriften, Bd. III, München 1971, S. 639.
21 Friedrich Nietzsche an Carl von Gersdorff, November 1870, Briefwechsel Bd. II, 1, Berlin-New York 1977, S. 155.
22 Friedrich Nietzsche, Die fröhliche Wissenschaft, Berlin-New York 1973, S. 138.
23 Gottfried Benn, Zum Thema Geschichte. In: Gesammelte Werke, Bd. I, Essays, Reden, Vorträge. Stuttgart 1989, S. 388.
24 Thomas Mann, Vortrag vor der Library of Congress. Siehe Anm. 13.
25 Karl Löwith, Der europäische Nihilismus. Betrachtungen zur geistigen Vorgeschichte des europäischen Krieges, 1940. In: Sämtliche Schriften I, Stuttgart 1983, S. 529.

26 Talcott Parsons, Democrazia e struttura sociale nella Germania prenazista. In: Sistema politico e struttura sociale (New York 1969), Milano 1975.

27 Thomas Mann, Betrachtungen eines Unpolitischen, Vorrede S. 30. In: Reden und Aufsätze, Bd. IV, Frankfurt 1990.

28 Dostojewski, zitiert nach Karl Löwith, Deutschland und das protestierende Reich. In: Der europäische Nihilismus, a. a. O., S. 529 f.

29 »Rom erscheint in vierfacher Hinsicht als Gegenspieler der deutschen Völker«, Helmuth Plessner, Die verspätete Nation, Frankfurt 1974, S. 54.

30 Louis Dumont, L'idéologie allemande, Paris 1991, S. 88.

31 »Deutschland tendiert geistig nach Westen, seine Achse ist der Rhein, während seine politischen Möglichkeiten nach Osten weisen. Östlich der Elbe hat sich Preußens Geschichte entschieden, liegt Berlin. An diesem Auseinandertreten politischer und kultureller Blickrichtung leidet Deutschland... Denn die Rheinlinie findet ihre historische Ergänzung in der Donaulinie. Köln und Mainz hängen kulturell enger mit Wien zusammen als mit Preußisch-Berlin. Diese Linie entspricht zugleich der Trennung in Gebiete mit vorwiegend katholischer und vorwiegend evangelischer Bevölkerung. Und sie folgt bedeutsamerweise ungefähr der Richtung des Limes, der alten römischen Reichsgrenze«, Plessner, a. a. O., S. 55.

32 Gottfried Benn, Der deutsche Mensch, a. a. O., S. 223.

33 Rainer Maria Rilke, Brief an Dr. Erich Katzenstein, 15. November 1918. In: Rilke, Briefe zur Politik, Frankfurt-Leipzig 1992, S. 223.

34 Elias Canetti, Masse und Macht, Hamburg 1960, S. 195 f.

35 Louis Dumont, L'idéologie allemande, a. a. O., S. 38 f.

36 Hagen Schulze, a. a. O., S. 19.

37 Michael Stürmer, Das ruhelose Reich. Deutschland 1866–1918, Berlin 1983, S. 405.

38 Ernst Troeltsch, Spektator Briefe. Aufsätze über die

deutsche Revolution und die Weltpolitik 1918/1922, Aalen 1966, S. 4.

39 Otto Hintze, Staat und Verfassung. Gesammelte Abhandlungen zur allgemeinen Verfassungsgeschichte, Göttingen 1962², S. 506.

40 Otto Hintze, a. a. O., S. 506.

41 Thomas Mann, Betrachtungen eines Unpolitischen, Berlin 1918, S. 264.

42 Friedrich Meinecke, a. a. O., S. 451.

43 Norbert Elias, Studien über die Deutschen, Frankfurt 1989, S. 69.

44 Norbert Elias, a. a. O., S. 68.

45 Talcott Parsons, a. a. O., S. 94.

46 Martin Heidegger, Sein und Zeit, Tübingen 1979, S. 175.

47 Karl Löwith, Mein Leben in Deutschland vor und nach 1933. Ein Bericht, Stuttgart 1986, S. 40.

48 Dieter Thomae, Die Zeit des Selbst und die Zeit danach. Zur Kritik der Textgeschichte Martin Heideggers 1910–1976, Frankfurt 1990.

49 Walter Laqueur, Die Kultur der Weimarer Republik, Frankfurt-Berlin 1976, S. 351.

50 Friedrich Meinecke, Erlebtes 1862–1919, Stuttgart 1964, S. 284. Siehe auch: K. D. Bracher, Europa in der Krise, Frankfurt 1979, S. 169: Weimar bedeutete »die Wiederaufnahme einer übernationalen, weltbürgerlichen Kultur- und Gesellschaftstradition jenseits nationalstaatlicher Verengung. Die Weimarer Republik war im Grunde der Versuch, den Bismarck-Staat mit 1848 und 1789 zu verbinden.«

51 Heinrich August Winkler, Weimar 1918–1933, die Geschichte der ersten deutschen Republik, München 1993, S. 11.

52 Talcott Parsons, a. a. O., S. 110.

53 Karl Dietrich Erdmann, Die Geschichte der Weimarer Republik als Problem der Wissenschaft. In: Vierteljahrsheft für Zeitgeschichte 1 (1955), S. 18.

54 Elias Canetti, a. a. O., S. 204 f.

55 George Mosse, Il dialogo ebreico-tedesco – Da Goethe a Hitler, Florenz 1988, S. 36.

56 Gershom Scholem, Von Berlin nach Jerusalem,

Frankfurt 1977, S. 167. Siehe auch: Gottfried Benn, Gesammelte Werke, 1958–1961, Band IV, S. 73: »Die überströmende Fülle von Anregungen, von artistischen, wissenschaftlichen, gesellschaftlichen Improvisationen, die von 1918 bis 1933 Berlin neben Paris rückten, entstammte zum großen Teil der Begabung dieses Bevölkerungsanteils, seinen internationalen Beziehungen, seiner sensitiven Unruhe, vor allem seinem todsicheren Instinkt für Qualität.«

57 Talcott Parsons, a. a. O.

58 Hagen Schulze, Weimar. Deutschland 1917–1933, Berlin 1982, S. 16.

59 Kurt Sontheimer, Ein deutscher Sonderweg. In: Werner Weidenfeld, a. a. O., S. 332.

60 Marino Freschi, Mito tedesco, La mia Germania, S. 56.

61 Hans Jonas, Der Gottesbegriff nach Auschwitz – Eine jüdische Stimme, Frankfurt 1987, S. 44.

62 Gottfried Benn, Zum Thema Geschichte, a. a. O., S. 377.

63 Zitiert nach: C. C. Aronsfeld, Was niemand ahnen konnte... In: Die Zeit, Nr. 46, 8. November 1991.

64 Benedetto Croce, Europa und Deutschland. Bekenntnisse und Betrachtungen, Bern 1946, S. 21.

65 Reinhard Bendix, Von Berlin nach Berkeley. Deutsch-jüdische Identitäten, Frankfurt 1985, S. 226.

66 Hajo Bernett. In: Die Juden im nationalsozialistischen Deutschland 1933–1943, S. 95.

67 Fritz Stern, Der Traum vom Frieden..., a. a. O., S. 19.

68 Gottfried Benn, Zum Thema Geschichte, a. a. O., S. 380.

69 Besonders entsetzlich sind die Formulierungen Carl Schmitts und Martin Heideggers über die »Verjudung des deutschen Geistes«.

3.
Deutschland »im Jahre drei«

1 Edzard Reuter, Alle müssen an einem Strang ziehen. Die Zeit Nr. 4, 1993.

2 Diese These hat der Autor ausführlich in seinem Buch dargelegt: Wilhelm Hankel, Die sieben Todsünden der Vereinigung. Wege aus dem Wirtschaftsdesaster, Berlin 1993.

3 Michel Albert, Kapitalismus contra Kapitalismus, Frankfurt 1992, S. 204.

4 V. A., Weil das Land sich ändern muß. Ein Manifest, Hamburg 1992, S. 11.

5 Leszek Kolakowski, Wir fürchten etwas Unbestimmtes, Frankfurter Allgemeine Zeitung vom 5. Februar 1994.

6 Edzard Reuter, a. a. O. Vgl. Joachim Fest, Krise der Politik, Frankfurter Allgemeine Zeitung vom 14. Oktober 1993: »Dieser totale Sozialstaat (ist) damit auf Gedeih und Verderb von seinen ökonomischen Bedingungen abhängig. In dem sich ausbreitenden Unwillen gegenüber der Politik wird derzeit die Rechnung dafür aufgemacht.«

7 Otto Kirchheimer, Der Wandel des westeuropäischen Parteiensystems. In: Gilbert Zieburg (Hrsg.), Beiträge zur allgemeinen Parteienlehre, Darmstadt 1969, S. 352.

8 Edzard Reuter, a. a. O.

9 »Die Symptome dieses in Enttäuschung und vereinzelt sogar in Politikhaß umschlagenden Mißbehagens sind überall greifbar.« Joachim Fest, Die schwierige Freiheit. Über die offene Flanke der offenen Gesellschaft, Berlin 1993.

10 Kurt Biedenkopf, Le Germanie restano due. In: MicroMega 1993.

11 Michel Albert, a. a. O., S. 25.

12 Michel Albert, a. a. O., S. 204.

13 Michel Albert, a. a. O., S. 25.

14 Michel Albert, a. a. O., S. 150.

15 Michel Albert, a. a. O., S. 93.

16 André Glucksmann, Warum ich als Franzose auf seiten der Deutschen stehe. Corriere della Sera vom 10. August 1993. Glucksmann hebt die Neuartigkeit der radikalen Entscheidung hervor, mit der die deutsche Bevölkerung ihre dramatische historische Erfahrung begreift: »Nie mehr Nazismus, also nie mehr die ver-

heerende Inflation, die ihm vorausging: entweder ein starker Mann oder eine starke Währung, entweder Hitler oder die Mark.« Die DM ist mehr als eine Flagge, sie ist ein ›Totem‹.«

17 Wilhelm Hankel, a. a. O., S. 8.

18 Michel Albert, a. a. O., S. 138.

19 Michel Albert, a. a. O., S. 218.

20 Roberto Mainardi, L' Europa germanica. Una prospettiva geopolitica, Roma 1992, S. 241.

21 Wolf Lepenies, Per un pattriotismo degli intellettuali. In: MicroMega 1, 1993.

22 Ernest Renan, Das Plebiszit der Vergeßlichen, Frankfurter Allgemeine Zeitung vom 27. März 1993.

23 Ulrich Oevermann, Merkur, Februar 1990.

24 Wolf Lepenies, a. a. O. Der genaue Wortlaut stammt von Klaus Hartung: Die Nation gehört nicht den Rechten, Die Zeit, Nr. 43, 1993.

25 S. Charles Maier, The unmasterable Past. History, Holocaust and German National Identity, Cambridge (Ma) 1988, S. 11.

26 Jürgen Habermas, Die zweite Lebenslüge der Bundesrepublik: Wir sind wieder »normal« geworden, Die Zeit, Nr. 51, 1992. Ein typisches Beispiel des »linken Alarmismus«, gegen den Klaus Hartung brillant polemisiert hat.

27 V. A., Weil das Land sich ändern muß. Ein Manifest, S. 67.

28 Karl Heinz Bohrer, Gibt es eine deutsche Nation? In: Politik ohne Projekt? Nachdenken über Deutschland, hrsg. v. Siegfried Unseld, Frankfurt 1993, S. 225.

29 Hans Magnus Enzensberger, Die große Wanderung, Frankfurt 1992, S. 52.

30 David Schönbaum, Wirtschaftswunder oder Kuweit, Frankfurter Allgemeine Zeitung vom 7. Dezember 1992.

31 David Schönbaum, a. a. O.

32 Richard Schröder, Ich bin Deutscher, Die Zeit, Nr. 4, 1993.

33 Typisch für diese Auffassung ist Manfred Franke: »Parallelen zum 9. November 1938 sind nicht zu

übersehen«, Frankfurter Rundschau vom 2. Dezember 1992.

34 Richard Schröder, a. a. O.

35 Luigi Einaudi, La guerra e l' unità europea, Bologna 1986.

36 Hagen Schulze, Gibt es überhaupt eine deutsche Geschichte? Berlin 1989, S. 70.

37 »Ob das neu vereinigte Deutschland sich intuitiv als Teil des ›Westens‹ empfindet und sich seiner politischen Kultur auch in Zukunft verpflichtet fühlen wird; ob die Integration in den politischen und institutionellen Westen nach 1945 derartig tiefe Wurzeln geschlagen hat, daß dieses Land auch in einem kulturellen Sinne als westlich gelten kann, um sich den seiner Mittellage geschuldeten Zwangslagen und den mit ihnen verbundenen Versuchungen zu entziehen, stellt sich als besorgte Anfrage an die Zukunft.« Dan Diner, Der Krieg der Erinnerungen, 1991, S. 118.

38 Arnulf Baring, Unser neuer Größenwahn. Deutschland zwischen Ost und West, Stuttgart 1988, S. 171 f.

39 »Verkappte Abkehr vom Westen (sprich: den Vereinigten Staaten) als Konsequenz einer provinziellen Mentalität: Das war die Quintessenz des politisch/diplomatischen Desasters der Bonner Politik bei Ausbruch des Golfkrieges«, Karl Heinz Bohrer, Provinzialismus III, Das Vakuum, Merkur 1992, S. 348.

40 Dazu Henning Ritter: »Der linke Glaube erfährt sich nun, nachdem die Weltbühne von den sozialistischen Kulissen leergeräumt ist, selbst als deutsch. Der Geschichte deutscher Weltfremdheit fügt sich das Kapitel linker Weltfremdheit unauffällig ein.« Einkehr zur Weltfremdheit, Frankfurter Allgemeine Zeitung vom 20. Februar 1993.

41 Dan Diner, a. a. O., S. 59.

42 »Die NATO (werde) letztlich zum Instrument einer ›Pax Americana‹.« So Hans Arnold in »Irrtum NATO«, Der Spiegel, Nr. 38, 1993. Dagegen sehr richtig Gerd Schmückle: »Die NATO aber muß bei ihren Kanonen bleiben. Sie ist das Sicherheitsbündnis des Westens schlechthin. Sie schafft das geostrategische Gleichgewicht zu Rußland, ist für eine dauerhafte Friedenser-

haltung unverzichtbar.« »Bei den Kanonen bleiben« Der Spiegel, Nr. 45, 1994.

43 Peter Glotz, Die Linke nach dem Sieg des Westens, Stuttgart 1992, S. 162.

44 S. Andrei Markovits, Was ist »deutsch« an den Grünen? In: Die Grünen – Letzte Wahl, besorgt von O. Kallscheuer, Berlin 1986.

45 Eckhard Fuhr, Selbstsüchtig. Die Sonderrolle der Deutschen. Frankfurter Allgemeine Zeitung.

46 Golo Mann, Storia della Germania moderna 1789–1958, Milano 1978, S. 634.

47 Helmut Kohl, Rede vom 13. Oktober 1993 vor dem französischen Parlament. Er fügte hinzu: »Es darf keinen Rückzug auf überlebte nationalstaatliche Modelle des 19. Jahrhunderts geben.«

Danksagung

Mein besonderer Dank gilt der Humboldtstiftung, ohne deren großzügige Unterstützung ich die deutsche Kultur nicht kennengelernt hätte und ohne die dieses Buch nie geschrieben worden wäre. Ein Gefühl der Dankbarkeit verbindet mich mit den Freunden und Kollegen am Otto-Suhr-Institut der Freien Universität Berlin, deren hoffentlich angenehmer Gast ich wiederholt gewesen bin.

Die Deutsche Bibliothek – CIP-Einheitsaufnahme

Bolaffi, Angelo
Die schrecklichen Deutschen.
Eine merkwürdige Liebeserklärung
Angelo Bolaffi.
1. Aufl. – Berlin: Siedler, 1995
Einheitssacht.: Die schrecklichen Deutschen.
ISBN 3-88680-522-0

Lektorat: Wolf J. Siedler jr.

Der Siedler Verlag ist ein Unternehmen
der Verlagsgruppe Bertelsmann.

Schutzumschlag: Jürgen Stockmeier, Berlin
Satz: Wolf J. Siedler jr., München
Druck und Buchbinder: Überreuter, Korneuburg
Printed in Austria, 1995
ISBN 3-88680-522-0